Cahiers libres

DU MÊME AUTEUR

Enjeux politiques de l'histoire coloniale, Agone, Marseille, 2009.

Des victimes oubliées du nazisme. Les Noirs et l'Allemagne dans la première moitié du XXᵉ siècle, Le Cherche Midi, Paris, 2007.

L'Afrique noire de 1800 à nos jours (avec Henri Moniot), rééd. PUF, Paris, 2005 (1974).

Histoire des villes d'Afrique noire des origines à la colonisation, Albin Michel, Paris, 1993.

Les Africaines. Histoire des femmes d'Afrique noire du XIXᵉ au XXᵉ siècle, Desjonquères, Paris, 1994.

L'Afrique et les Africains au XIXᵉ siècle, Armand Colin, Paris, 1999.

Afrique noire. Permanences et ruptures, L'Harmattan, Paris, 1992 (Payot, 1985).

Le Congo (AEF) au temps des grandes compagnies concessionnaires, 1898-1930, Éditions de l'EHESS, 2001 (1972).

La Découverte de l'Afrique. L'Afrique noire atlantique des origines au XVIIIᵉ siècle, L'Harmattan, Paris, 2003 (Julliard, 1965).

Catherine Coquery-Vidrovitch

Petite histoire de l'Afrique

*L'Afrique au sud du Sahara
de la préhistoire à nos jours*

La Découverte
9 bis, rue Abel-Hovelacque
75013 Paris

Ma gratitude va à François Gèze qui a accueilli mon idée avec enthousiasme, et à Rémy Toulouse qui a veillé à sa réalisation, avec des avis toujours judicieux pour en améliorer la compréhension.

Si vous désirez être tenu régulièrement informé de nos parutions, il vous suffit de vous abonner gratuitement à notre lettre d'information bimensuelle par courriel, à partir de notre site

www.editionsladecouverte.fr

où vous retrouverez l'ensemble de notre catalogue.

ISBN 978-2-7071-6713-2

En application des articles L. 122-10 à L. 122-12 du code de la propriété intellectuelle, toute reproduction à usage collectif par photocopie, intégralement ou partiellement, du présent ouvrage est interdite sans autorisation du Centre français d'exploitation du droit de copie (CFC, 20, rue des Grands-Augustins, 75006 Paris). Toute autre forme de reproduction, intégrale ou partielle, est également interdite sans autorisation de l'éditeur.

© Éditions La Découverte, Paris, 2011.

Introduction

L'idée de cet ouvrage m'est venue lorsque, il y a quelques mois, une amie « afro-descendante », comme on dit aujourd'hui de l'autre côté de l'Atlantique, m'a demandé quel livre conseiller à sa fille, une jeune Française qui désirait connaître l'histoire du continent d'où étaient venus ses ancêtres, sans en rien savoir ou si peu, et sans jamais avoir rencontré le thème, ni au cours de sa scolarité ni en dehors. Il est vrai que, si nous ne manquons plus d'ouvrages savants, et même de « livres du maître » sur la question, il n'existe guère en français de synthèse vraiment accessible. Or j'avais enseigné naguère à l'université Paris 7 un cours d'« introduction à l'histoire africaine », obstinément peaufiné ensuite, une vingtaine d'années durant, auprès des étudiants américains (*undergraduates*, pour la plupart de 2e ou 3e année) de l'université dans laquelle j'enseignais périodiquement, la State University of New York. Ils étaient très motivés, surtout les jeunes *African-Americans*, mais fort ignorants de la question. Leur esprit était plein de clichés. Il s'agissait donc de « remettre les pendules à l'heure » de façon claire, méthodique mais non dogmatique, afin de faire comprendre la place de l'Afrique dans l'histoire du monde depuis... ses origines. Cela représente beaucoup de lectures, de travail, de réflexion, beaucoup de corrections ou d'amendements... pour parvenir, au fil des années, à une synthèse abordable. C'est la dernière étape de cette aventure qui est aujourd'hui transmise au lecteur français non nécessairement spécialiste [1].

Les idées de nos compatriotes sur l'Afrique sont très différentes de celles des *African-Americans*, mais souvent aussi peu convaincantes. Combien de fois ai-je entendu au cours de ma carrière : « Vous étudiez l'histoire africaine ? Mais qu'en sait-on avant l'arrivée des Européens ? Il y a donc des sources ? » Le sommet fut atteint lorsque, en juillet 2007, dans un discours prononcé à l'université de Dakar devant un aréopage d'universitaires et de chercheurs sénégalais, le président Sarkozy crut pouvoir affirmer (à l'image, hélas !, de nombre de ses contemporains) que les Africains n'étaient pas encore réellement entrés dans l'histoire. Son ignorance est partiellement excusable : dans les années 1960, quand la recherche française a commencé à s'intéresser à l'histoire africaine, les historiens eux-mêmes, et non des

---

1   C'est la raison pour laquelle certains pourront parfois y retrouver des idées ou des fragments disséminés sous une autre forme dans des articles ou ouvrages antérieurs.

moindres, que dis-je, la quasi-totalité des universitaires, étaient convaincus que l'Afrique n'avait pas d'histoire... parce que celle-ci n'était pas écrite. Les quelques originaux qui entendaient démontrer le contraire étaient considérés comme de doux rêveurs marginaux qui, en outre, n'avaient pas à concurrencer les ethnologues et les anthropologues, dont le domaine réservé était, justement, à la fois celui des sociétés « autres » et celui des peuples dits « sans histoire ».

Ce petit livre a donc pour objet de faire le point sur tout ceci. Après un demi-siècle de travaux fondamentaux sur la question, il s'agit enfin de faire comprendre à un public français et francophone non spécialiste que non seulement l'Afrique a une histoire, mais que celle-ci, la plus longue de toutes, n'est ni moins variée ni moins prenante que les autres. Les chercheurs spécialisés pourront sans doute, de leur côté, reprocher à cet essai des généralisations abusives, voire des erreurs, inévitables sur une telle durée ; mais comment procéder autrement ? Il est hors de question, en quelque 200 pages, de raconter cette histoire par le menu. Cela serait aussi fastidieux qu'infaisable. L'enjeu est donc de n'omettre aucune phase de cette histoire, mais de le faire de façon thématique, en privilégiant systématiquement les idées qui m'apparaissent fondamentales, et parfois neuves. L'objectif est en somme d'aider à comprendre le présent : comment mesurer la situation actuelle à l'aune des différentes strates du passé cumulé, comment en tirer des hypothèses sur la situation d'aujourd'hui et, comme toujours quand on songe à l'Afrique et à ses problèmes actuels, quelles sont les perspectives d'action et d'avenir.

Tel est l'objet de ce petit livre, dont le premier chapitre aborde certaines questions clés, et notamment celle de savoir de quelle Afrique nous parlons, et pourquoi. Il aborde aussi les idées pièges à éviter et, bien entendu, la question des sources, qui permettent désormais d'avancer avec une relative assurance.

1

Méthodes et sources

Pourquoi l'« Afrique au sud du Sahara » ? D'abord parce que la dénomination « Afrique noire » est un héritage colonial qui implique de définir tous les habitants du subcontinent par leur aspect physique, leur couleur de peau, qui est loin d'être aussi uniforme que cet adjectif le laisse entendre. Cette simple remarque permet de relativiser le regard « eurocentré » lié à la couleur à propos du continent africain. Car être « noir » ou « beur » (« arabe » en verlan, c'est-à-dire d'ascendance maghrébine) ne se remarque que si la majorité des autres ne le sont pas. Le terme « noir » choque quand il est utilisé par une majorité (blanche) envers une minorité discriminée. Or, pour un Français qui va en Afrique au sud du Sahara, tous les Africains se ressemblent à première vue car la couleur saute aux yeux et efface le reste. Pour un Africain qui arrive en France, c'est exactement la même chose en sens inverse. La « condition noire », selon le titre de l'ouvrage de Pap Ndiaye (2008), pose question aux Français de couleur, dans l'Hexagone et plus encore dans les DOM (départements d'outre-mer), mais assurément pas en Afrique. Les Africains d'Afrique sont bien plus détendus que les *African-Americans* sur la « négritude », dont ils tirent au contraire une certaine fierté.

Il faut aussi éviter en histoire l'expression d'« Afrique précoloniale ». Elle préjuge et projette dans le passé un état et des processus qui sont advenus tard dans l'histoire du continent, et dont les Africains d'autrefois n'avaient pas la moindre idée. La quasi-totalité des régions africaines n'ont pas été, *jusque très récemment*, colonisées par des puissances extérieures au continent (hormis l'Égypte, conquise par les Grecs et colonisée par les Romains, et la côte orientale de l'Afrique, colonisée au XIXe siècle par le sultanat d'Oman puis de Zanzibar). Certaines d'entre elles, en revanche, furent colonisées par d'autres peuples africains (c'est également ce qui s'est passé sur les autres continents). Mais, dans leur immense majorité, ces régions sont restées *indépendantes* vis-à-vis des Européens jusqu'à la fin du XIXe siècle, y compris pendant la période de la traite atlantique (il y a cependant des exceptions, comme le port de Luanda, occupé continûment par les Portugais depuis le XVIe siècle). Enfin, l'indépendance (en 1956 au Soudan, en 1957 au Ghana, mais seulement en 1963 au Kenya ou en 1990 en Namibie) ne fut pas une nouveauté pour un petit nombre de vieux Africains nés *avant* la colonisation (étant entendu que le processus ainsi qualifié n'a pas grand-chose à voir avec les indépendances de jadis).

La construction européenne de l'Afrique

L'Afrique a la plus vieille histoire du monde et *les Européens ne l'ont pas « découverte »* : ce qu'ils ont découvert (plus tard que les autres), et ce dont ils ont construit l'idée, c'est « leur » Afrique. En revanche, l'histoire africaine liée au monde méditerranéo-asiatique musulman et à celui de l'océan Indien (dont l'essor intervint entre le Ve et le XVe siècle) leur est demeurée tardivement inconnue. Or elle fut très importante. Les Européens ne commencèrent à pénétrer le continent qu'en 1795, quand l'Écossais Mungo Park atteignit le fleuve Niger, alors que les Arabes du Maghreb l'avaient atteint dès le IXe siècle, et que ceux d'Arabie étaient arrivés sur la côte orientale d'Afrique avant l'époque romaine.

Mais ce sont les Européens, à l'occasion des Grandes Découvertes, qui ont fait de l'Afrique géographique un objet d'étude ; et la connaissance accumulée, puis peaufinée depuis la période allant du XVIe au XVIIIe siècle, fut transmise pratiquement inchangée jusqu'à il y a peu. Dans l'Antiquité, le monde méditerranéen ne connaissait pas l'Afrique comme continent : les espaces non ou mal connus au sud de l'Égypte ou du Maghreb étaient dénommés selon les cas Nubie, Éthiopie ou Libye. « Africa » apparut chez les Romains, mais pour ne désigner que l'arrière-pays immédiat de leur grande ennemie, la Carthage des Puniques (d'où le surnom donné à son vainqueur, Scipio Africanus). Quant à l'Afrique, son nom sera repris par les Arabes d'Afrique du

Nord sous le nom d'« Ifriqiya ». Mais ce n'est qu'avec la circumnavigation du continent par les Portugais, à la toute fin du XVᵉ siècle — lorsque fut franchi le cap des Tempêtes alors rebaptisé de Bonne-Espérance (1498) — qu'elle fut ainsi désignée. L'Afrique est née de la *cartographie*. À partir du XVIᵉ siècle, les écrits européens la décrivirent et la constituèrent de leur point de vue : marchands, missionnaires, explorateurs, voyageurs de toute sorte et trafiquants d'esclaves élaborèrent leur propre idée de l'Afrique. Le philosophe congolais Valentin Mudimbe en inventoria et en déconstruisit la fabrication dans deux ouvrages : *The Invention*, puis *The Idea of Africa*, dans les années 1980 [1], ouvrages non traduits en français à ce jour, contrairement au travail analogue d'Edward Said sur la construction européenne de l'orientalisme (1978), traduit dès 1980.

Du racialisme au racisme

Pourquoi l'histoire de l'Afrique est-elle aujourd'hui si méconnue, marginalisée, oubliée, et même rejetée ? À l'origine de ce mépris se trouve la traite dite, éloquemment, « négrière ». Or cette traite des esclaves noirs, qui s'intensifia au XVIIᵉ siècle du côté européen, s'ajouta à des traites nettement plus anciennes — dirigées vers le monde méditerranéen ou l'océan

---

[1] Valentin MUDIMBE, *The Invention of Africa. Gnosis, Philosophy, and the Order of Knowledge*, Indiana University Press, Bloomington, 1988 ; *The Idea of Africa*, Indiana University Press, Bloomington, 1994.

Indien — animées par les Arabo-musulmans dès le IXe siècle. La grande différence, c'est que jusqu'alors les esclaves, toujours des étrangers, avaient aussi été des Blancs (le mot esclave vient d'ailleurs de « slave » ou « Slavonie »). L'originalité de la traite atlantique fut de déterminer une fois pour toutes la couleur des esclaves : à partir du XVIIe siècle, et surtout au XVIIIe, un esclave atlantique ne pouvait être que noir, et tout Noir était en somme destiné par nature à devenir esclave, au point que le mot *nègre* devint synonyme d'esclave. Ainsi, paradoxalement, la construction négative du continent se confirma durant le siècle des Lumières. On en connaît la cause profonde : l'eurocentrisme, qui a dominé la genèse des sciences depuis le début des Temps modernes, au XVIIIe et plus encore au XIXe siècle. Malheureusement pour l'Afrique, l'histoire et l'ethnologie prirent forme précisément à ce moment-là, au moment où la suprématie européenne s'affirmait violemment sur le reste du monde. Ce dernier en a pâti, car le point de vue de l'observateur s'est mué pour une longue, une trop longue période, en « vérité universelle ».

Si les philosophes du XVIIIe siècle étaient hostiles à l'esclavage, leur attitude était plus ambiguë quand il était question des capacités mentales et intellectuelles des Noirs. Les théories ont varié. Ainsi, le tsar Pierre Ier de Russie, grand admirateur des Lumières, voulut démontrer que l'intelligence était un don aristocratique, quelle que soit la « race » originelle ; il fit élever à la cour de Russie un jeune esclave supposé être le fils d'un prince camerounais, qui devint l'un de ses principaux généraux et était le bisaïeul du poète Pouchkine. Néanmoins, cette « ouverture » disparut progressivement au XIXe siècle alors que s'élaboraient les principes de ce qu'on peut appeler le *racialisme* (différent du *racisme* en ce qu'il reposait sur ce que l'on considérait alors comme des preuves scientifiques). Le premier à différencier trois races (la blanche, la jaune et la noire) fut le naturaliste Buffon à la fin du XVIIIe siècle. Cela correspondait à la découverte de l'intérieur du continent par les Européens. L'appréhension de la géographie et des sociétés africaines s'accompagna dès lors de la systématisation de l'idée d'inégalité entre les races. La distinction entre race supérieure — blanche bien entendu — et races inférieures — la plus dénigrée étant la noire — fut finalement « scientifisée » par les spécialistes, médecins, biologistes et anthropologues physiciens du dernier tiers du XIXe siècle. Le tout découlait quasi directement de l'opprobre né, au cours des siècles précédents, de la traite dite « négrière » (le mot lui-même insiste sur la couleur). À la fin du XIXe siècle, la traite atlantique avait presque entièrement disparu, mais la conviction de l'inégalité raciale et de l'incapacité des Noirs à assurer leur propre développement était ancrée dans les consciences occidentales. Quant à la première moitié du XXe siècle, elle fut caractérisée par l'essor du *racisme*, devenu pur préjugé à partir du moment où les progrès de la génétique, dans les années 1920, avaient démontré que l'*espèce* humaine était unique [2]. La conviction d'une différence entre races,

---

2 Pour le détail de cette évolution, se reporter à mon ouvrage *Enjeux politiques de l'histoire coloniale*, Agone, Marseille, 2009, p. 149-156.

hélas, ne s'en maintiendra pas moins solidement au-delà, puisque le programme de géographie de sixième invitait encore en 1960, et en sus à propos de l'Afrique, à l'étude des « trois grandes races », mention qui ne disparaîtra des instructions de l'Éducation nationale qu'en 1971 [3].

Ce défaut de connaissance et ce mépris envers les Noirs ont donc une longue histoire. On peut en suivre l'accentuation dans la littérature spécialisée tout au long du XIXe siècle. À la curiosité ou même à l'enthousiasme des premiers découvreurs succédèrent des récits de plus en plus critiques, en appelant à la conquête coloniale de ces peuples barbares soumis au joug de despotes sanguinaires et esclavagistes — et qui restaient donc à « civiliser ». Ces idées seront reprises sous une autre forme lors de la colonisation. Celle-ci, à son tour, a établi une différence légale, statutaire, entre le citoyen (quelques centaines d'« assimilés ») et la masse des « indigènes » (*natives* en anglais), c'est-à-dire des individus assujettis à un système juridique spécial, celui des codes dits de l'indigénat. Ce régime inégalitaire, inventé en Kabylie en 1874 à la suite de l'insurrection de 1871, fut ensuite élargi au reste de l'Algérie puis adapté aux autres colonies françaises. C'est en « Afrique noire », où il ne disparaîtra qu'en 1946, qu'il dura le plus longtemps. L'héritage légué par l'Occident est donc lourd ; l'imaginaire occidental contemporain est nourri de ce passé cumulatif de mépris pour le Noir ou l'Africain, passé de païen à

---

3 Référérence importante, aimablement communiquée par Laurence de Cock.

esclave, puis d'esclave à indigène. Aujourd'hui, cela aboutit à l'opposition entre le Français supposé « de souche » (blanc et chrétien) et l'immigré (sous-entendu noir ou maghrébin musulman). Cette tendance nationaliste exacerbée a finalement accouché, en France métropolitaine, d'une dernière aberration : le non-concept institutionnel d'« identité nationale ». Cette entité limitée à un Hexagone imaginaire sécrété par le « roman national » a abouti, entre autres, au détestable discours prononcé par Nicolas Sarkozy à Dakar le 26 juillet 2007, selon lequel l'homme africain n'était « pas assez entré dans l'histoire ».

Les sources

Les recherches sur l'Afrique furent ainsi largement dénaturées par des siècles de préjugés véhiculés par une majorité d'historiens, d'ethnologues et d'anthropologues, de l'époque coloniale à nos jours. C'est ce qu'a entrepris de mettre en cause, de façon décapante, ce que l'on appelle aujourd'hui les *études postcoloniales* ; celles-ci s'efforcent d'étudier le passé en « déconstruisant » l'héritage biaisé de cette « bibliothèque coloniale », où des concepts apparemment banals véhiculent inconsciemment des clichés séculaires. Car il est indispensable de replacer dans le temps long de l'histoire les débats sociologiques et politiques d'aujourd'hui.

L'Afrique est un immense *continent*, grand comme trois fois les États-Unis. Il couvre un espace de 30 millions de km^2 et s'étend sur 7 500 kilomètres d'ouest en est et 8 000 kilomètres du nord au sud. Il est composé de 53 États (y compris les îles environnantes) extrêmement variés, en paysages, en langues, en histoire. *L'Afrique n'est donc pas une entité homogène et, évidemment, encore moins un pays ou un État.* Des comparaisons banales ne tiennent pas, par exemple entre l'Afrique (un continent) et la Chine (un État). Sur le plan climatique, tous les climats, donc tous les modes de vie (ruraux) y existent, du désert et du sahel (pastoral transhumant) à la dense forêt équatoriale, en passant par la savane où dominent les cultivateurs.

L'histoire africaine d'avant la colonisation fut d'une grande diversité ; elle est maintenant connue grâce à des travaux d'historiens qui se sont multipliés depuis l'indépendance. Contrairement à ce que l'on croit d'ordinaire, leurs sources sont considérables et très variées. Malgré les disparités régionales (l'Égypte est peut-être, à l'opposé de la Namibie, la partie du monde où les sources écrites couvrent la période la plus longue), il existe de fortes dominantes selon les périodes : la période gréco-romaine et nubienne nous est connue grâce à l'archéologie autant qu'aux documents écrits ; on doit à l'historien Hérodote (Vᵉ siècle av. J.-C.) ou au géographe Ptolémée (IIᵉ siècle apr. J.-C.) des textes fondateurs, de même que le fut, sinon le *Périple d'Hannon* (qui fait le récit d'un voyage, de l'Afrique du Nord vers l'Atlantique), du moins celui de Néchao (qui partit d'Égypte), rapporté par Hérodote, et plus encore le *Périple de la mer Érythrée* (par la mer Rouge et l'océan Indien à la fin du

Iᵉʳ siècle apr. J.-C.) ⁴. L'absence de sources écrites fait de la phase d'expansion bantu (à partir du Iᵉʳ millénaire av. J.-C.) en Afrique centrale et orientale le domaine privilégié de l'archéologie, mais surtout de l'ethnobotanique, de la linguistique (gloto-chronologie : datation à partir du temps de différenciation entre langues d'origine commune) et de la génétique, qui permettent de reconstituer et de dater des mouvements de populations et des syncrétismes culturels anciens. L'arrivée des musulmans au VIIIᵉ siècle de notre ère vit resurgir les écrits, cette fois-ci en langue arabe, rédigés soit par des voyageurs étrangers venus du monde méditerranéen et asiatique (pour ne citer que les plus connus : Al-Masudi et Ibn Hawkal au Xᵉ siècle, Al-Bakri au XIᵉ siècle, Idrisi au XIIᵉ siècle, Al-Omari et Ibn Battuta au XIVᵉ siècle, Léon l'Africain au XVIᵉ siècle), soit par des érudits locaux, à partir de légendes plus anciennes, sous la forme de chroniques transcrites (*Tarikh el-Fettash* — « Chronique du chercheur » — et *Tarikh es-Sudan* — « Chronique du pays des Noirs » — aux XVIᵉ et XVIIᵉ siècles, textes d'Ahmed Baba de Tombouctou, chroniques de Kano ou de Kilwa, abondante littérature des sultanats de Sokoto), ou en langue pular (peul) au XIXᵉ siècle. Plusieurs dizaines de milliers de manuscrits en langue arabe restent conservés

---

4 *Périple d'Hannon* (VIᵉ ou Vᵉ siècle av. J.-C.), suffète de Carthage, trad. grecque (exercice d'école qui ne correspondit pas à un voyage véritable). *Périple de la mer Érythrée* (trad. D. L. Casson, 1989) qui évoque la terre d'Azania (au sud de la mer Rouge) et dont la remarque sur le soleil qui change de sens paraît confirmer au moins le franchissement de l'équateur, sinon celui du Cap de Bonne-Espérance.

par de grandes familles maraboutiques en Afrique de l'Ouest, révélant qu'une culture *autochtone* écrite existe au moins depuis le XVe siècle. Ils sont en voie d'être répertoriés et restent en très grande partie à exploiter. La littérature de voyage des marchands portugais ou hollandais, des jésuites et des capucins italiens ou portugais du XVIe au XVIIIe siècle eut une tonalité bien différente de celle des rapports britanniques ou français du XIXe siècle, principalement d'origine navale ou missionnaire. Les sources écrites les plus connues, pour la plupart étrangères, ont lourdement contribué à façonner notre interprétation de l'histoire, d'autant qu'elles s'avèrent souvent être la transcription, ou l'aboutissement, d'autres types de sources, par exemple archéologiques. C'est à plus forte raison le cas des sources orales — précieuses chez ces peuples où l'oralité était l'outil dominant de transmission du savoir : les plus anciennes ne sont connues que parce qu'elles furent autrefois transcrites localement en arabe ou recueillies par les premiers voyageurs occidentaux.

Ce continent contrasté connut néanmoins *récemment* une relative unité, due à deux phénomènes dramatiques successifs :

— *les traites des esclaves*, qui débutèrent bien avant la traite atlantique, mais qui se généralisèrent entre le XVIe siècle et le XIXe siècle inclus ; leurs destinations, outre les traites internes au continent, furent multiples (Méditerranée, océan Indien et océan Atlantique) ;

— *la colonisation européenne*, qui s'abattit sur le continent tout entier. En 1900, l'ensemble de l'Afrique

— hormis l'Éthiopie (qui sera colonisée de 1936 à 1941 par l'Italie de Mussolini) et le petit Liberia (république créée au milieu du XIXe siècle par les sudistes américains qui voulaient « renvoyer en Afrique » les esclaves affranchis) — était colonisée. On ne doit cependant pas oublier un fait majeur : aussi importante fût-elle dans la transformation des esprits et des conditions de vie, la colonisation, sauf en Algérie et en Afrique du Sud, a duré *moins d'un siècle*, et parfois beaucoup moins : sa mise en place institutionnelle et politique ne débuta souvent qu'entre les années 1890 et 1919 (c'est le cas de la Haute-Volta ou du Tchad, tout au plus territoires militaires à partir de 1900). Quant à l'indépendance, elle est aujourd'hui vieille d'à peine deux générations. Il y a donc un contraste évident dans la manière dont est appréhendée l'histoire de l'Afrique, selon que l'on adopte le point de vue intérieur ou extérieur ; ceux qui se focalisent sur la période coloniale sont les anciens colonisateurs, par ailleurs assez indifférents à ce qui eut lieu avant et après leur présence sur le continent ; de leur côté, les Afro-descendants de la diaspora (notamment dans les DOM) sont avant tout concernés par la traite des esclaves dont ils sont issus. En revanche, les historiens africains qui travaillent en Afrique, tout en s'interrogeant, à l'occasion du cinquantenaire des indépendances, sur le bilan à dresser pour l'avenir, sont moins interpellés par la présence européenne *stricto sensu*. Ils assument que celle-ci ne représente qu'un épisode, certes majeur mais non exceptionnel de l'histoire de leur continent. En effet, bien d'autres conquêtes et colonisations, aussi bien internes qu'externes, jalonnent l'histoire africaine sur la longue durée.

L'énigme africaine

Connaître l'ensemble de cette histoire, au-delà de ces derniers épisodes essentiels mais relativement brefs, est nécessaire si l'on veut pouvoir répondre à la question lancinante : pourquoi en est-on arrivé là ? Peut-on rendre compte de ce renversement originel fondamental (l'humanité, en effet, y est née et en est partie il y a une dizaine de millions d'années) ? L'Égypte, et donc l'Afrique, est « mère » du monde : Européens et Africains revendiquent avec une passion similaire l'héritage égyptien. Mais pourquoi les Africains furent-ils les derniers à connaître une économie d'investissement et de production ? Pourquoi tant de grands commerces transcontinentaux (sel, or, fer, ivoire, etc.) se sont-ils effondrés au lieu de générer des activités productives ? Pourquoi de belles civilisations anciennes (Nok, Ifé, Zimbabwe...) ont-elles disparu en laissant si peu de traces ? Pourquoi la situation actuelle est-elle aussi tragique, et pourquoi l'avenir demeure-t-il si inquiétant ?

Les facteurs sont multiples. Ils se sont malheureusement souvent combinés tout au long de l'histoire. Il faut prendre tout cela en considération si l'on veut comprendre pourquoi la plupart des processus actuels demeurent lents et difficiles à modifier. On peut schématiquement diviser ces facteurs en deux groupes, interne et externe, en constante interaction. Dans le premier groupe figurent les conditions écologiques : des terres en général pauvres (sauf dans la vallée du Nil ou sur de rares terroirs volcaniques) ; des risques séculaires de très longues sécheresses sur une large partie du continent ; des sols souvent ou trop durs (latérite tropicale) ou trop lessivés (argiles latéritiques équatoriales) ; des maladies anciennes et jamais, ou tardivement, éradiquées (paludisme, maladie du sommeil généralisée par la pénétration coloniale, onchocercose, multiples parasitoses) ; des sociétés rurales davantage organisées pour la subsistance que pour le profit, la priorité étant donnée à l'équilibre social (le consensus) plutôt qu'à l'affirmation de l'individu. Parmi les facteurs internes, il faut aussi prendre en compte une histoire démographique malheureuse, résultant en grande partie d'agressions répétées venant de l'extérieur ; d'où la stagnation globale de la population à partir du XVIe siècle environ jusqu'au début du XXe. Les données environnementales sont donc globalement peu favorables. Les hommes n'ont que plus de mérite à avoir réussi à surmonter (l'Afrique sera sans doute d'ici un siècle le continent le plus peuplé du monde) tous les obstacles mis sur leur chemin par la nature et par une succession d'épisodes coloniaux internes parfois redoutables.

Dans le second groupe, celui des facteurs externes, les plus déterminants furent les traites des esclaves et les multiples colonisations, de celle amorcée par les Grecs en Égypte à celles dites de l'« impérialisme colonial » européen, en passant par les colonisations arabes, notamment à l'est du continent (sultanat de Zanzibar aux XVIIIᵉ et XIXᵉ siècles), et les grands djihads (guerres saintes) de conquête au XIXᵉ siècle. Le pire fut sans doute atteint avec le régime de l'apartheid en Afrique du Sud (entre 1947 et 1990).

Un demi-siècle seulement après les indépendances, tout cela forme un héritage politique et économique, mais aussi idéologique et culturel, qu'il s'agit de bien comprendre si l'on veut le maîtriser et le rendre fécond, d'autant que nous en avons désormais les moyens : nos connaissances sur l'histoire africaine ont fait des bonds de géant au cours des dernières décennies. Jusqu'à l'indépendance, le savoir sur l'Afrique était en effet resté implicitement ou explicitement réservé aux anthropologues, surtout du côté français où dominait (pour les historiens) l'histoire de la colonisation. Mais les travaux historiques se sont multipliés depuis lors. S'ils sont restés, jusque dans les années 1990, très majoritairement dirigés par des universitaires occidentaux, ils ont ensuite de plus en plus été traités par des historiens africains, sur place ou dans les diasporas. La littérature scientifique de langue anglaise, surtout aux États-Unis mais aussi en Afrique, est énorme ; en langue française, les historiens africains sont également devenus majoritaires, ce qui permet de dégager une vision plus globale de l'histoire : aux traditionnels points de vue « eurocentrés » s'ajoutent désormais des perspectives « afrocentrées », souvent fort différentes. Cet apport essentiel (dit « postcolonial ») enrichit et modifie parfois les débats.

2

Les origines

Les ancêtres des hommes apparurent en Afrique il y a plusieurs millions d'années[1]. Depuis le début des années 1990, et jusqu'à récemment, on a accordé, suivant en ceci le préhistorien Yves Coppens, la priorité à l'Afrique orientale, où furent mis au jour les restes d'une petite femme que son inventeur dénomma « Lucy ». Celle-ci aurait vécu il y a quelque trois millions et demi d'années et aurait été obligée de s'adapter à un fort réchauffement climatique censé avoir modifié la faune. Las ! la thèse fut ébranlée pour deux raisons : d'une part, il est établi que nous ne descendons pas en ligne directe de Lucy, qui ne fut que l'une des nombreuses branches avortées des mutations génétiques qui différencièrent progressivement l'homme des grands singes. Lucy, qui savait encore grimper aux arbres, serait

---

1 Il n'y a pas de consensus à ce propos. La période avancée varie généralement entre 7 et 10 millions d'années.

une sorte d'arrière-grand-tante australopithèque laissée sans descendance (les australopithèques, qui marchaient debout et possédaient des mâchoires puissantes munies de dents robustes, furent peut-être les premiers hominidés à quitter l'Afrique). L'autre raison secoua autrement le monde des paléontologues : la découverte, en 2001, au Tchad, en Afrique centrale, dans le désert du Djourah, d'un crâne fossilisé dont le « possesseur » fut dénommé Toumaï. Ce dernier aurait plus du double de l'âge de Lucy : selon les estimations (qui datent de 2002), fondées sur la biochronologie (c'est-à-dire la confrontation à d'autres restes, trouvés à proximité de Toumaï, dont certains spécimens ont été, eux, datés ailleurs avec sûreté), il aurait sept millions d'années, c'est-à-dire quasiment l'âge (supposé) de la divergence évolutive entre les ancêtres des chimpanzés et ceux des hominidés. L'affaire n'est pas close : selon certains, Toumaï pourrait être encore plus âgé et atteindre dix millions d'années ; il serait donc moins l'ancêtre de l'homme qu'une vieille femelle protogorille. Ce n'est pas neutre, puisque Toumaï dispute le titre de plus vieil ancêtre de l'homme à Orrorin, un fossile vieux de six millions d'années mis au jour au Kenya. La querelle est peut-être vaine, dans la mesure où personne n'est encore capable d'affirmer si l'un ou l'autre de ces fossiles est bien celui d'un bipède — signe d'humanité au dire des découvreurs [2].

---

[2] On fait remonter beaucoup plus haut, il y a 40 ou 50 millions d'années, l'origine de la famille des primates anthropoïdes, qui se différencieront progressivement entre hommes et grands singes. Elle se situerait aussi

Difficile, donc, de parler de « notre plus vieil ancêtre » : il ne s'agissait encore que de modèles transitoires (si tant est que l'on puisse utiliser ce terme pour des évolutions qui se sont déployées sur des millions d'années). L'être appelé à devenir humain apprit d'abord à descendre des arbres pour se mettre sur ses pieds, se transformant progressivement en *Homo habilis* (habile de ses membres antérieurs), *Homo erectus* (homme debout, dégageant ainsi définitivement l'usage de ses mains), *Homo faber* (artisan), puis *Homo ergaster* (grand et taillé pour la course, donc capable de quitter l'Afrique). Il passa ensuite, par étapes, au stade d'*Homo sapiens*, et enfin à celui d'*Homo sapiens sapiens*, rameau remontant à quelque 200 000 ans (il en a été trouvé un spécimen en Éthiopie daté de 195 000 ans), dont nous restons à ce jour les représentants. Un signe de cette transformation est fourni par le repérage et la datation des tout premiers rites d'inhumation. En effet, si l'on ignore l'origine du langage, on sait qu'enterrer ses morts implique de penser l'au-delà, et donc de penser tout court.

Toumaï ébranla l'hypothèse séduisante naguère proposée par Yves Coppens, qui fit dès le départ de l'environnement une condition déterminante de l'évolution humaine : selon lui, l'origine de l'homme remonterait à des événements géomorphologiques et climatiques traumatiques. En bref (même si évidemment tout cela a demandé des millions d'années), l'être humain à venir

---

en Afrique ou serait venue de Chine (où l'on a, pour l'instant, daté des primates vieux de 45 millions d'années).

serait descendu des arbres de la grande forêt équatoriale en raison du bouleversement engendré en Afrique orientale par la tectonique des plaques : l'effondrement, dû à de gigantesques failles, de ce qui est aujourd'hui connu sous le nom de Rift — ces larges déchirures nord-sud qui s'étendent de l'Éthiopie au Malawi, et sont jalonnées de grands lacs (Rodolphe, Tanganyika, Malawi) et de volcans (monts Kenya et Kilimandjaro). Toujours selon Coppens, cette nouvelle géomorphologie aurait entraîné un changement climatique radical. Les pluies équatoriales auraient continué à se déverser le long des flancs des plateaux — qui, eux, étaient restés intacts, c'est-à-dire humides et couverts de forêts — s'élevant depuis l'ouest ; mais elles auraient été stoppées à l'est par les reliefs d'altitude qui faisaient barrière. Une relative sécheresse se serait donc installée au-delà, à l'est du Rift. La forêt aurait fait place aux steppes à épineux. Les singes auraient été contraints de s'adapter à l'assèchement progressif du climat en descendant des arbres ; et, pour voir au loin et être capable de chasser, ils auraient dû se dresser sur leurs pattes. Ainsi, grâce à l'interpellation désormais suscitée par la ligne d'horizon, le système nerveux central des protohumains se serait développé, ce qui fit joliment écrire à Coppens que l'homme commença à penser par les pieds... Sachant qu'il faut au moins 500 000 ans pour qu'une modification des gènes ait lieu en fonction de l'environnement, Toumaï remettrait en cause cette théorie : les mutations génétiques dont il fut le fruit se seraient également produites à l'ouest du Rift, et donc indépendamment des bouleversements climatiques liés à la tectonique des plaques.

Les discussions vont aussi bon train entre spécialistes internationaux pour savoir si les migrations humaines issues d'Afrique remontent aux premiers hominidés, si elles eurent lieu à diverses reprises et, enfin, si l'origine africaine est à nouveau attestée au stade ultime d'*Homo sapiens*. Périodiquement, au fil des découvertes, deux thèses s'affrontent : la thèse diffusionniste postulant une seule mutation localisée en Afrique, et celle, parfois empreinte de nationalisme grossier, postulant des mutations parallèles qui auraient éclos en plusieurs lieux. On vit ainsi apparaître, un temps, l'*Homo siniensis* en Chine, ou émerger un petit spécimen *sui generis* en Indonésie, peut-être un *Homo erectus*, voire un *Homo sapiens* longtemps resté isolé sur son île... En dépit de ces variantes, il est un point sur lequel tout le monde s'accorde : pour des raisons diverses qu'il reste à élucider, l'être humain balbutia puis prit forme en Afrique, et notamment en Afrique orientale. Tous les *sapiens sapiens* descendraient d'une même population qui se scinda — il y a environ 100 000 ans, puis à nouveau il y a 60 000 ans — en plusieurs branches, au fur et à mesure du départ de petits groupes fondateurs. Cela est confirmé par le fait que c'est au sein des populations africaines que le matériel génétique présente la plus grande diversité strictement *Homo sapiens*, tandis que leurs descendants dispersés à travers le monde ont progressivement acquis des divergences génétiques mineures en se retrouvant isolés, au fil de

3 000 générations, par des barrières géographiques, montagneuses, océaniques, et en échangeant quelques gènes avec les Néandertaliens, qu'ils auraient fini par évincer il y a quelque 50 000 ans.

Ainsi, quelques centaines, tout au plus quelques milliers d'hominidés devenus omnivores et vivant, comme leurs prédécesseurs, de la chasse et de la cueillette se dispersèrent à travers tout le continent et au-delà. Ils furent en effet initialement très peu nombreux : on a pu démontrer qu'il aurait suffi de soixante-dix adultes en âge de procréer pour peupler l'Amérique après avoir franchi le détroit de Behring !

En Afrique, ils laissèrent de nombreuses traces de leur présence et de leurs activités : ossements, outils rudimentaires, pierres taillées, sites de peintures rupestres préhistoriques furent retrouvés aussi bien en Afrique australe que dans les grottes du Sahara. En Afrique du Sud, le régime de l'apartheid, soucieux de cacher tout ce qui pouvait mettre en doute l'« antériorité » supposée des Blancs dans le pays, fit interdire pendant des décennies presque toute recherche à ce sujet. On vient d'y faire une trouvaille d'importance : le site de Blombos révèle que la technique élaborée de pierre taillée dite « retouche par pression », à partir de laquelle on date la naissance de l'art (par la conception d'objets raffinés non indispensables à la survie du groupe), y est apparue il y a 75 000 ans ; on y a retrouvé des parures de coquillages remontant à plus de 70 000 ans, soit 50 000 ans avant l'Europe, qui s'en attribuait jusqu'à présent l'invention avec les peintures rupestres comme celles de la grotte Chauvet [3].

C'est pourtant apparemment hors d'Afrique qu'est née l'histoire proprement dite, non pas avec l'écriture, comme on le disait naguère (et malheureusement souvent encore aujourd'hui), mais avec la domestication de l'agriculture. Celle-ci permit à des hordes jusqu'alors primitives de s'organiser, économiquement et politiquement. La découverte et l'usage du fer jouèrent sans doute, dans cette transformation, un rôle important. Il n'est pourtant pas évident que le fer ait été adopté en Afrique plus tard qu'ailleurs ; on sait qu'il était utilisé dès le VIIe siècle av. J.-C. sur les rives du Niger comme autour des Grands Lacs, où l'on trouve des traces de techniques anciennes de chauffe, en bas fourneau ou en fosse. L'ingéniosité des forgerons et la qualité de leurs produits impressionnent encore aujourd'hui. Ce qui néanmoins continue d'interpeller, c'est qu'après ces débuts prometteurs l'initiative des changements historiques a échappé durant deux millénaires aux Africains eux-mêmes.

---

3   Revue *Science*, 29 octobre 2010.

3

L'environnement et les peuples

Dans son hypothèse poétique sur les origines de l'humanité, Yves Coppens a raison de mettre l'accent sur l'environnement. Celui-ci joua dans l'histoire africaine un rôle majeur et, compte tenu à la fois des contraintes qu'il impose et de la faiblesse, encore aujourd'hui, des moyens d'y remédier, c'est un facteur qui demeure prégnant pour environ la moitié de la population restée rurale.

Le relief et la circulation des hommes

Dans l'ensemble, le continent africain est massif, peu tourné vers la mer. Il est surtout constitué de vastes plateaux d'érosion étagés, qui s'élèvent sensiblement vers l'est, où l'altitude frôle la plupart du temps ou dépasse les deux mille mètres. Le tout étant essentiellement composé d'un socle d'âge primaire, il n'y eut que très peu de plissements (de type alpin tertiaire), hormis la chaîne basaltique du Drakensberg en Afrique sud-orientale ; on y trouve surtout des cassures, comme le Rift et ses volcans ou, en Afrique centro-occidentale, l'axe Fernando Poo-Tibesti, marqué au sud par le mont Cameroun, c'est-à-dire là encore un phénomène volcanique. Le hasard fait que les zones les plus élevées sont situées à proximité des côtes. Elles sont d'ailleurs peu nombreuses : à elle seule, l'Éthiopie compte la quasi-totalité des hauts plateaux situés à plus de 2 000 mètres d'altitude. C'est cette configuration qui valut à l'Afrique la réputation d'être un continent fermé. Peu découpées, souvent rendues peu accessibles par la « barre » océanique et ses très forts courants (avec en sus le danger des requins), les côtes sont *a priori* peu accueillantes. Elles restèrent d'ailleurs longtemps peu habitées.

À l'intérieur, en revanche, le continent voit se succéder de vastes bassins hydrographiques : la cuvette centrale du Niger, en Afrique occidentale, inondée pendant la saison des pluies malgré le climat semi-désertique ; l'immense bassin endoréique du Chari-Tchad, celui du fleuve Congo et de ses nombreux affluents traversant la forêt équatoriale, enfin le bassin du Zambèze aux inondations redoutables… Ce réseau hydrographique parfois dense et la platitude des reliefs facilitèrent la circulation en tous sens — entravée seulement par les cloisonnements politiques — des hommes et des caravanes ; d'où un réseau enchevêtré de pistes (par exemple celles qui traversent l'immense désert du Sahara). Grâce aux rivières et aux pirogues, aux pistes et aux caravanes, les contacts furent nombreux et incessants, même s'ils se produisirent souvent *via* des relais, entre des populations jalouses de leur territoire.

Les mouvements de populations, collectifs ou individuels, caractérisèrent l'histoire du continent. Ils furent encouragés par la complémentarité de régions très diversement dotées : le sel et le fer, par exemple, suscitèrent de nombreux échanges internes ; le sel et l'or, des échanges transsahariens ou dirigés vers l'océan Indien ; le cuivre, abondant en Afrique centrale, donna également lieu à des échanges à longue distance. La végétation africaine, contrairement à celle des zones de climat tempéré, est pauvre en sel, aliment pourtant indispensable à la survie humaine. Le sel n'y est produit que dans certaines zones bien délimitées : dans les aires désertiques du Sahara ou du Kalahari, sur quelques côtes à marais salants ou à proximité des lacs. Quant au fer, dès lors que fut adopté l'instrument aratoire de la houe (*daba*), faite d'un manche en bois et d'une lame de fer (apparue très tôt dans les zones sahéliennes), il fallait le chercher là où il se trouvait : autour de Méroé au sud de l'Égypte ancienne, au Maghreb, dans le Niger oriental, sur le plateau du Nigeria central... Les archéologues discutent pour savoir à partir de quand le fer fut exploité au sud du Sahara (les Égyptiens anciens utilisaient un bois très dur) ; il est possible que cela remonte à plus de deux millénaires avant notre ère. L'ancienneté de la sidérurgie subsaharienne serait alors similaire à celle du Moyen-Orient. Des photographies aériennes et par satellite ont permis de repérer les traces et de démontrer l'importance de réseaux d'échanges extrêmement anciens. On ne doit donc en aucun cas imaginer en

Afrique l'existence, sinon très localisée, de peuplades isolées les unes des autres. Si ce fut parfois le cas, il faut en imputer la cause à l'histoire politique et militaire (guerres intestines, traites des esclaves, etc.), mais certainement pas au caractère prétendument « arriéré » de ses habitants. Ceux-ci, même lorsqu'ils étaient contraints, par prudence ou par manque de moyens, de rester dans leur village, étaient dans l'ensemble toujours informés du monde qui les entourait. Dans le pire des cas, ils disposaient d'un moyen infaillible d'information régionale : la circulation des femmes qui, en se mariant, établissaient une sorte de réseau informel entre leur résidence d'origine et celle qui les accueillait — la patrilocalité (installation de l'épouse dans la famille du mari) était en effet très fréquente.

Un continent insalubre ?

L'Afrique a aussi la réputation d'être un continent insalubre. Cette caractéristique s'est en effet fortement accentuée au fil des siècles — au fur et à mesure qu'aux maladies tropicales originelles s'ajoutèrent celles venues d'Asie ou d'Europe —, tandis qu'en Occident les progrès de l'hygiène tendaient à améliorer les conditions sanitaires qui, à l'origine, n'y étaient pas meilleures. Des maladies graves, longtemps mortelles, comme la maladie du sommeil (ou trypanosomiase), dont il existe une forme animale et une forme humaine, y existaient déjà à l'ère préhistorique ; la malaria (ou paludisme) est également très ancienne, et est aujourd'hui encore — faute de vaccin — la première cause de mortalité sur le continent. La lèpre sévit toujours, et d'autres maladies tropicales endémiques sont transmises par une multitude d'insectes ; la mouche, par exemple, répand en forêt la filariose (des vers circulant sous la peau et pouvant provoquer la cécité ou la mort lorsqu'ils parviennent au cerveau) — le traitement préventif de cette maladie (la notézine) n'existe que depuis les années 1950. Tout cela sans compter une vie animale dangereuse pour l'homme : mygales (araignées à la piqûre mortelle), serpents venimeux, etc. Comble de malchance, les rives de nombreuses rivières sont longtemps restées inhospitalières en raison de l'onchocercose. Cette maladie, transmise par un moustique et entraînant la cécité, fut récemment vaincue dans certaines zones (par exemple le long des rivières Volta au Burkina et au Ghana) grâce à des campagnes internationales d'éradication de l'insecte porteur, campagnes qui furent parfois interrompues car jugées trop coûteuses. C'est peut-être la présence de cette maladie très invalidante qui explique la réticence ancienne des populations à installer leurs villages à proximité des rivières. Cela pourrait à son tour expliquer l'absence surprenante de l'usage de techniques anciennes d'irrigation (à l'exception évidente du Nil), malgré la présence de fleuves qui comptent parmi les plus puissants du monde.

Néanmoins, autrefois, les foyers de grandes endémies étaient relativement localisés. C'est l'essor des déplacements de populations, surtout à l'époque coloniale, qui transforma le fléau en épidémies catastrophiques. Ce fut notamment le cas de la maladie du sommeil transmise par la mouche tsé-tsé, qui se généralisa en zone équatoriale avec le transfert accéléré des travailleurs dans la première moitié du XXe siècle ; elle ne commença à être jugulée que vers 1950. Il faut y ajouter la fièvre jaune — également transmise par un moustique —, dont le vaccin n'existe que depuis 1935, mais dont on meurt encore aujourd'hui. D'autres maladies furent introduites par les Arabes et les Européens, comme la variole (repérée au XVIIIe siècle), les maladies vénériennes, ou la poliomyélite et la rougeole. Ces deux dernières maladies restèrent de véritables fléaux pour les enfants avant que des campagnes de vaccination, relativement récentes et pas toujours suivies, aient été mises en place. Jusqu'au milieu du XXe siècle, la variole provoqua périodiquement des épidémies meurtrières ; quant à la tuberculose, elle fit probablement son apparition au temps de la Première Guerre mondiale, alors que les maladies vénériennes étaient largement diffusées par les soldats démobilisés. Le drame occasionné par le sida n'est donc pas, hélas ! une nouveauté pour l'Afrique, non plus que le manque criant de soins par rapport à un Occident surprotégé. Il n'est sans doute pas non plus sans lien avec l'histoire : en effet, selon les dernières hypothèses de recherche (produites par une équipe de l'hôpital Saint-Louis en 2010), la dissémination du VIH, longtemps resté à l'état latent, aurait été soudainement accélérée par les campagnes de vaccination et les pratiques coloniales et postcoloniales de transfusion sanguine (utilisée fréquemment en cas de paludisme grave). Celles-ci sont effectuées massivement depuis les années 1950, dans des conditions prophylactiques mal contrôlées. Le virus ainsi répandu serait devenu virulent au sein de la communauté gay américaine (première grande épidémie en 1981), puis aurait été réimporté sous cette forme aiguë en Afrique (épidémie de 1982).

Les épizooties (ou épidémies animales) ont été aussi redoutables que les épidémies humaines pour les nombreux peuples majoritairement ou exclusivement éleveurs. On connaît mal leur histoire avant l'intrusion européenne. La pneumonie bovine fut introduite en Afrique du Sud dès le milieu du XIXe siècle ; en 1870, elle était arrivée au Tchad. L'épizootie la plus dévastatrice fut la peste bovine, venue des steppes russes au début des années 1860. Elle toucha d'abord l'Égypte, puis gagna le Soudan occidental en 1865. Mais c'est surtout au début des années 1880 qu'elle s'intensifia, lorsque du bétail infecté fut importé à la fois de Russie et d'Inde. À partir de 1889, l'épidémie allait périodiquement décimer le cheptel d'Afrique orientale et australe. Les missionnaires du Lesotho rapportèrent que les troupeaux avaient déjà été décimés par la pleuro-pneumonie en 1852, et de 1855 à 1857 ; plus de la moitié des moutons et des chevaux périrent en 1865, des dizaines de milliers de vaches entre 1864 et 1866. Le bétail fut à nouveau décimé par la famine en 1877, et la peste bovine prit ce relais meurtrier en 1896 ; à la fin du siècle, les Sotho avaient perdu la moitié de leur bétail. Ces catastrophes affaiblirent les populations au moment même où s'accéléraient les conquêtes européennes. Coïncidence ou corollaire ?

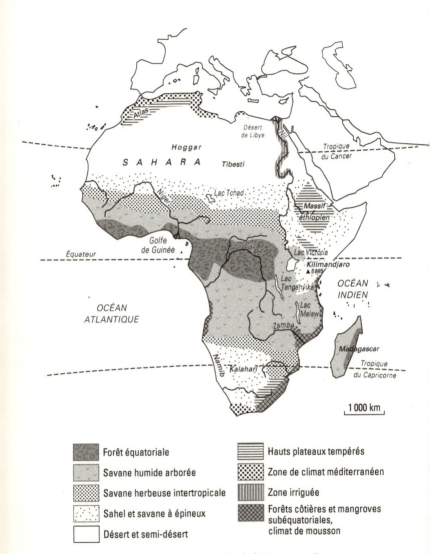

Les grandes zones de végétation naturelle

Climat et végétation

Plus que dans tout autre continent, la nature fut un élément déterminant pour les civilisations africaines. En effet, pour des raisons complexes, les technologies « modernes » s'y développèrent moins vite qu'ailleurs. Climat, végétation, pluviométrie et hydrographie constituèrent pendant des millénaires des conditions contraignantes pour la vie rurale. Mais, sur ce vaste territoire, les données sont extraordinairement variées. La carte climatique est explicite : l'équateur partage le continent en deux moitiés à peu près symétriques, où se succèdent des conditions naturelles marquées surtout dans la partie occidentale de l'Afrique. Le climat méditerranéen règne au nord et au sud du continent, sur les côtes de la mer du même nom et sur celles de la province du Cap. Plus on avance vers les tropiques, plus le désert se développe, très étendu au nord (Sahara), moins grand, mais tout aussi sec, au sud (Kalahari). Au-delà, les pluies réapparaissent, mais la saison humide, à l'inverse des pays tempérés, a lieu pendant les mois les plus chauds, de juin à septembre dans l'hémisphère Nord, ce qui correspond à la saison d'été en Europe : raison pour laquelle les anciens colonisateurs l'appelaient « hivernage ».

La saison des pluies s'allonge progressivement au sud du désert. En bordure du Sahara, dans la région appelée « sahel », elle dure deux mois tout au plus ; ensuite, le climat se fait progressivement plus humide ; il est de plus en plus caractérisé par l'alternance de deux saisons de pluies (une longue et une brève, en décembre-janvier), qui encadrent deux saisons sèches (elles aussi de longueur inégale). Cette zone intertropicale dite de savane (*grassland*, ou « pays de l'herbe » en anglais) fut pendant des siècles une zone « riche », privilégiée par les cultivateurs sédentaires qui pouvaient s'adonner à la fois à la culture et à l'élevage. Elle offrait également, lors des saisons sèches, des terres de pâturage aux éleveurs transhumants venus du sahel en quête d'humidité pour nourrir leurs bêtes : d'où des contacts et des échanges millénaires, qui n'ont jamais été exempts de querelles. Celles-ci se sont même intensifiées à l'époque contemporaine, car les sécheresses, récurrentes depuis les années 1970, et la pression démographique se sont conjuguées pour limiter l'accès aux troupeaux. D'où aussi la réduction des produits de la chasse, puisque la zone était le domaine privilégié des grands animaux (lion, buffle, gazelle). Elle l'est d'ailleurs restée grâce aux réserves des parcs naturels du Kenya ou de Tanzanie.

Plus on descend vers l'équateur, plus la durée des pluies s'allonge. Celles-ci durent presque toute l'année dans la zone de forêt dense qui s'étendait autrefois de la côte du golfe du Bénin jusqu'à l'ensemble de la cuvette gabonaise et congolaise [1]. On retrouve la même disposition zonale en

---

1   Cette zone de forêt dense (à la hauteur de l'équateur dit climatique) est un peu décalée vers le nord par rapport à l'équateur géographique, dissymétrie que les climatologues expliquent par le déséquilibre de température provoqué par la masse continentale plus importante dans l'hémisphère Nord que dans l'hémisphère Sud.

sens inverse dans l'hémisphère Sud, de l'Angola et du Congo à l'Afrique du Sud. À l'est du continent, en revanche, en raison de l'altitude des hauts plateaux, la pluviosité est moindre et la forêt disparaît ; la savane domine alors partout, de l'équateur à l'Afrique australe.

Ces différences climatiques ont engendré une végétation naturelle qui a très longtemps dominé les modes de vie (c'est d'ailleurs encore largement le cas). La vigne et l'olivier règnent au Maghreb comme dans la province du Cap. Le désert est la zone des nomades qui pratiquent la très grande transhumance ; leur domaine de prédilection est le sahel. En revanche, en pays de savane, la grande saison des cultures — qui correspond à la longue saison humide (de mai à octobre, environ, dans l'hémisphère Nord, de décembre à avril dans l'hémisphère Sud) — est inversée par rapport à la zone tempérée. Les pluies de saison chaude ont entraîné l'adoption de céréales spécifiques : l'élusine primitive, le sorgho et le mil, bien moins nutritifs que le blé, ont longtemps dominé un paysage agraire bouleversé par l'introduction des plantes américaines importées par les Portugais. Le maïs, le manioc et les haricots se sont progressivement propagés à travers le continent tout entier, du XVIe au début du XXe siècle ; mais les premiers Africains à avoir adopté ces cultures nouvelles n'avaient pas forcément rencontré les Blancs qui les avaient introduites. C'est ainsi, par exemple, que le paysage agraire des petits royaumes interlacustres, comme le Rwanda ou le Burundi d'avant la colonisation, s'est trouvé intégralement bouleversé. Il est aujourd'hui, et depuis longtemps, composé exclusivement de ces trois plantes (outre la banane qui, de son côté, avait été introduite à partir de l'océan Indien avant le Xe siècle). Le maïs s'est répandu en Afrique centrale entre le XVIe et le XVIIIe siècle. En revanche, dans le Nigeria méridional, c'est seulement au début du XXe siècle, à la faveur des pénuries de la Première Guerre mondiale, que fut adoptée la farine de manioc (*gari* ou *atieke*). Le manioc, bien que moins nutritif que l'igname — tubercule ancien poussant dans la forêt —, est devenu fondamental pour de nombreux pays tropicaux. Il est aujourd'hui menacé par un nouveau virus, la striure brune, qui le rend incomestible. Cette épidémie se développe à partir de l'Afrique de l'Est et risque de se révéler très destructrice.

Le sol et la sagesse agraire

D'une façon générale, sauf dans l'exceptionnelle vallée du Nil, ruban vert qui traverse le désert, et sur quelques lambeaux de terre volcanique fertile, les sols africains sont pauvres, d'une couleur rouge caractéristique (latérite). Dans la zone tropicale aux longues saisons sèches, l'insolation zénithale favorise en surface la formation de véritables croûtes latéritiques constituées des résidus de l'évaporation. Les paysans sont parfois obligés de dégager leurs champs au pic avant de les cultiver. À l'inverse, dans la zone équatoriale, le ruissellement intense lessive les sols, ne laissant à cultiver que des argiles latéritiques appauvries en sels minéraux. Pendant des millénaires, la sagesse paysanne sut tirer le maximum de ces conditions difficiles. Selon la zone climatique, les paysans adoptèrent des combinaisons variées, privilégiant selon les cas les céréales adaptées (mil, sorgho, fonio, puis maïs), les tubercules (igname, plus tard patates douces et manioc) ou les légumineuses (haricots). Cela donna des terroirs complexes, articulant, le cas échéant, plusieurs zones et étapes saisonnières d'exploitation associées aux essences arborées (bananiers…). La polyculture vivrière des hauts plateaux d'Afrique centrale et orientale en offre une remarquable diversité. En l'absence de fumure animale (surtout dans les zones affectées par la maladie du sommeil), le système dominant fut celui de la régénération des sols grâce à la technique du « brûlis » (ou feux de brousse, dont la cendre servait à améliorer les terres) et surtout grâce aux très longues jachères (de 15 à 25 ans). Une des conséquences de ce système était évidemment la réduction des terres cultivables à proximité des villages, toujours à la recherche de nouveaux champs. D'où une agriculture semi-itinérante, où il n'était pas rare qu'un village migrât tous les 25 ans environ afin d'investir de nouveaux terroirs.

C'est sans doute au XIXe siècle que se situe l'une des coupures majeures de l'évolution politique africaine. En effet, les règles anciennes de la vie rurale, hors accident climatique grave, ne posaient pas de problème majeur avant la colonisation. Au cours de celle-ci, les colons s'emparèrent des meilleures terres pour parquer les « indigènes » dans des réserves relativement inhospitalières (ce fut le cas au Kenya et en Afrique australe) ; et, d'une façon plus générale, ils s'opposèrent à la mobilité des populations qu'il fallait fixer pour les exploiter (paiement de l'impôt, cultures obligatoires de rente, recrutements forcés). Encore les densités de populations restaient-elles, dans l'ensemble, limitées en regard des immenses espaces de savane (sauf dans les réserves qui, elles, n'étaient pas extensibles). Depuis l'explosion démographique du milieu du XXe siècle, ce fragile équilibre est mis à mal. Face à la nécessité d'accroître les rendements, l'agriculture à l'européenne et la pression démographique ont entraîné le raccourcissement des années de jachère, provoquant la stérilisation de nombreux sols : dans les années 1950, les procédés industriels de la production arachidière produisirent des catastrophes écologiques, aussi bien dans le Tanganyika britannique qu'au Sénégal.

On comprit *a posteriori* que si la paysannerie ancienne s'était montrée si rétive à des innovations telles que l'adoption de la roue ou de la charrue, ce n'était pas par conservatisme obtus. Compte tenu des moyens limités à leur disposition, les cultivateurs savaient mieux que les experts étrangers comment travailler leurs terres. Chaque fois que l'occasion leur en a été donnée, ils ont d'ailleurs innové : par exemple par l'extension, dans tous les bas-fonds humides environnants, de la culture du riz pour approvisionner une ville comme Abidjan ; au Rwanda, ils choisirent de développer la culture de pommes de terre adaptées au climat tropical. Ce n'est que depuis quelques années, face à la nécessité d'approvisionner les villes en vivres frais, qu'une agriculture moderne réfléchie se met en place.

L'évolution de la population

Si l'agriculture se maintint si longtemps dans cet équilibre précaire, c'est aussi parce que la population africaine demeura étonnamment stable pendant des siècles. Il est évidemment difficile de savoir ce qu'il en fut vraiment avant que n'apparaissent les premières estimations européennes, aussi incertaines furent-elles à leurs débuts. Toujours est-il que l'on estime cette population à environ cent millions au début du XVIe siècle, soit 20 % de la population mondiale de l'époque. À la fin du XIXe siècle, elle n'était plus que de 95 millions, ce qui ne représentait plus que 9 % de la population mondiale. Ce fut seulement autour de 1950 que s'enclencha (après celles de la Chine, de l'Inde puis de l'Amérique latine) la dernière en date des explosions démographiques mondiales. En un demi-siècle, la population africaine décupla, pour atteindre plus d'un milliard d'individus en 2010 (dont 800 millions au sud du Sahara), soit 18 % de la population mondiale. Comment expliquer que cette apparente stabilité sur le long terme, qui n'exclut pas entre temps des variations parfois considérables, se soit maintenue jusqu'à il y a à peine un demi-siècle ?

On incrimine évidemment les ravages causés par les traites négrières. Or celles-ci furent certes meurtrières, mais leurs conséquences politiques furent plus nocives que leur impact strictement quantitatif. Le déficit de population fut moins provoqué par les départs du continent que par les troubles multiples qui en découlèrent : des guerres internes incessantes, des déplacements massifs de populations fuyant les razzias et le brigandage, qui laissèrent des rancœurs durables — elles n'ont parfois pas encore disparu entre anciens peuples razzieurs et razziés. Il est plus que probable que la disposition très irrégulière de noyaux plus denses de population, séparés par des espaces désertés, résulte de ces événements : ainsi la côte nigériane ou celle de l'Angola présentent une forte densité, alors que les plateaux de l'hinterland furent dépeuplés par la chasse aux esclaves ; on trouve aussi des densités exceptionnellement élevées dans des zones de refuge éloignées des grandes pistes commerciales, comme les petites principautés interlacustres du centre du continent (le Rwanda ou le Burundi, sauf dans leur partie orientale, ravagée à la fin du XIXe siècle par la maladie du sommeil). L'incidence quantitative *stricto sensu* des traites fut moins forte que celle due aux déséquilibres politiques et sociaux ainsi provoqués. Les spécialistes ont calculé que c'est seulement au XVIIIe siècle, période de l'apogée de la ponction des esclaves, que celle-ci eut pour effet direct de stopper l'accroissement démographique naturel, lui-même très peu élevé (de l'ordre de 0,1 %, compte tenu de la faible différence entre les taux de natalité et de mortalité dans les sociétés préindustrielles). Cet arrêt de la croissance démographique pourrait suffire à expliquer le retard pris alors sur l'Europe, surtout quand on sait que, pour celle-ci, la croissance de la population (négative au XVIIe siècle) fut un préalable majeur à la révolution industrielle. On verra plus loin qu'il est inutile de s'écharper sur la question purement quantitative pour constater les méfaits évidents et durables des traites négrières.

Les aléas d'une climatologie capricieuse entraînèrent périodiquement la décimation des populations. On en a aujourd'hui une idée assez précise grâce aux chroniqueurs arabes qui, à partir du XVIe siècle, repérèrent dans l'Ouest ou dans l'Est africain une succession redoutable de périodes de grande sécheresse (deux ou trois fois par siècle), en général accompagnée de corollaires catastrophiques : vols de sauterelles saccageant les récoltes, décimation des troupeaux, épidémies accablant des populations affaiblies. Vers la fin du XIXe siècle, on constate une grave recrudescence de ces calamités provoquée, comme nous l'avons vu, par l'introduction étrangère d'épidémies et d'épizooties récurrentes : variole, peste bovine ou encore (surtout depuis la Première Guerre mondiale) maladies vénériennes. C'est à ce dernier fléau, lié à une pratique intense de circulation des épouses en Afrique centrale [2], que l'on attribue l'arc de stérilité des femmes qui traverse l'Afrique d'ouest en est, du Gabon au Kenya : on se tromperait donc en attribuant au continent tout entier des taux de fécondité généralement très élevés. Les variations sont énormes selon les lieux et, évidemment, les classes sociales.

---

2 Dans des sociétés où la virilité était une qualité masculine essentielle, c'est la femme qui était considérée comme coupable en cas de stérilité : d'où son rejet par le mari qui allait en prendre une ou plusieurs autres, tandis que l'épouse rejetée pouvait être à son tour remariée contre dot par sa propre famille. D'où une progression géométrique des maladies vénériennes handicapantes dans les sociétés où cette circulation des femmes était très développée...

Variations pluviométriques et poussées démographiques

Variations de population et mouvements migratoires furent largement tributaires de l'histoire climatique du continent. D'où l'intérêt de repérer les alternances historiques de périodes de pluies et de sécheresses. Les phases de forte pluviosité rendaient les populations, en butte depuis des millénaires à des agressions de toutes sortes, susceptibles de déployer des stratégies compensatoires efficaces. Ce sont en général des phases d'accroissement démographique et de bonne réactivité politique en cas d'agression extérieure.

On connaît le bouleversement de longue durée provoqué par l'assèchement du Sahara, à partir du Ve millénaire avant notre ère, qui entraîna la dispersion des populations préexistantes (dites pour cette raison de langues nilo-sahariennes) vers le nord ou le sud. À l'époque moderne, les années 1500-1630 furent apparemment plus humides, favorables au recul du désert. Vers 1600, les chameaux, le gros bétail et les terres agricoles se trouvaient 200 à 300 km plus au sud qu'ils ne l'étaient 250 ans plus tard. En Afrique centrale, la phase pluviale correspond aussi à l'adoption du maïs venu d'Amérique, favorable à son tour à la progression démographique. Tout cela provoqua l'émergence de vastes formations politiques — les Empires luba et lunda en Afrique centrale — à partir du XVIe siècle. Mais une longue période d'assèchement relatif s'ensuivit, au cours de laquelle le processus de désertification progressive du sahel reprit. Vers 1750, le maïs (préservé sur les hauts plateaux centre-orientaux grâce à l'altitude) était encore cultivé en Afrique de l'Ouest, mais il dut ensuite céder peu à peu la place au sorgho et au mil.

Il n'empêche : cette tendance lourde fut scandée par des accalmies, et le cœur du XIXᵉ siècle en a sans doute été une. L'Afrique connut alors une phase de pluviosité satisfaisante. Ce fut aussi une période assez réactive des pouvoirs locaux face aux premières tentatives européennes, notamment britanniques et françaises, de s'aventurer vers l'intérieur à partir des côtes du Sénégal, de la côte des Esclaves (futur Dahomey) ou de la côte de l'Or. Entre la fin des années 1830 et le début des années 1870, les accidents climatiques furent suffisamment espacés pour permettre aux populations de s'en remettre assez rapidement : si durs fussent-ils, les excès de sécheresse n'avaient alors lieu en moyenne que tous les dix ans, ce qui laissait une marge de récupération importante. Mais, à partir des années 1860, la sécheresse se mit à frapper en moyenne tous les cinq ans.

Les grandes difficultés reprirent vers la fin du XIXᵉ siècle ; à partir de 1880, les eaux du lac Victoria baissèrent à nouveau. Cette recrudescence de sécheresse sévit à travers le continent subsaharien tout entier dans le dernier tiers du siècle. Les missionnaires du Lesotho, déjà cités, rapportent que, presque chaque année, les récoltes étaient affectées par le manque d'eau ou les sauterelles. La perte répétée des troupeaux attaqués par la peste bovine réduisait périodiquement les peuples pastoraux à la famine. La recrudescence épidémique fut liée à la fois aux calamités environnementales et aux progrès de la pénétration coloniale, facilitée par l'affaiblissement des populations.

Toutes proportions gardées, les raisons sont finalement assez similaires à celles qui ont entraîné le dépeuplement de l'Amérique latine quatre siècles plus tôt : le désastre causé par des maladies importées contre lesquelles les populations n'étaient pas protégées par une longue accoutumance. La conquête européenne, entrée dans le dernier quart du siècle dans sa phase d'accélération finale, aboutit dans ses cas les plus violents, comme au Congo belge, à la destruction entre 1876 et 1920, selon l'historien Jan Vansina, de près de la moitié de la population totale de la région. Partout, la population aurait brutalement chuté au temps de la conquête, entre 1880 et 1920 : du tiers à la moitié selon les cas et les études, avec des pertes particulièrement élevées en Afrique centrale et orientale, notamment, mais pas seulement, en raison de l'extension dramatique de la maladie du sommeil. En effet, cette extraordinaire efficacité létale put être atteinte grâce à la combinaison de la guerre, de la maladie et de la faim. Les grandes épidémies — l'une des principales causes de mortalité — ne reculèrent qu'après la grippe espagnole de 1918-1919 et 1921-1922 (qui causa plusieurs millions de morts en Afrique), la lutte contre la maladie du sommeil (1914-1950) et la vaccination contre la fièvre jaune (à partir de 1940).

L'augmentation globale, entre les années 1880 et 1900, de la population du continent, dont on pense qu'elle avait fini par atteindre 120 millions d'habitants, serait donc exclusivement due à l'amélioration démographique des extrémités nord et sud (Algérie et Afrique du Sud).

La phase de sécheresses récurrentes entamée au XIXᵉ siècle se prolongea par intermittence jusque dans le premier tiers du XXᵉ siècle. Elle reprit à nouveau à partir des années 1970. Aujourd'hui, le désert avance à la vitesse inquiétante de 7 km par an, et le lac Tchad, naguère réserve incomparable d'eau et de poisson en plein désert, est sans doute en voie d'assèchement. Mais on ne peut plus attribuer aux seuls aléas climatiques ce genre de catastrophe. Désormais, pas plus que ne l'est en Inde une mauvaise mousson, une grande sécheresse n'est la cause des pires famines ; depuis le drame des années 1970, les mesures prises à l'échelle nationale et locale, couplées à l'aide internationale, ont généralement été en mesure de remédier aux pires calamités. Mais à une condition : que les hommes ne s'en mêlent pas, que l'accident climatique ne se cumule pas avec une guerre locale, civile ou non, ni avec l'impéritie de gouvernements corrompus, ce qui demeure, hélas, trop souvent le cas, aujourd'hui comme sous la colonisation.

Au demeurant, on ne peut qu'admirer la capacité de résilience des Africains qui ont, depuis tant de siècles, su résister victorieusement à tant de handicaps et de conquêtes. Car un fait demeure : à l'exception relativement brève de la colonisation dite de peuplement (d'ailleurs toute relative) en Afrique du Sud et en Algérie, l'Afrique fut peuplée quasi exclusivement d'Africains qui surent, en outre, toujours absorber en leur sein les apports extérieurs, qu'ils soient issus du Proche-Orient, d'Arabie, d'Indonésie, ou plus tard d'Europe. L'Afrique est une extraordinaire terre de synthèse pétrie d'histoire, qui ne vécut jamais, contrairement à ce que racontèrent et crurent les Européens, dans l'isolement, et ce depuis les origines de son histoire.

« Ethnies » et tribalisme

Il est temps de se débarrasser de quelques clichés déformants qui traînent dans les médias. Ainsi l'idée d'*ethnie* est un faux concept comparable à celui d'« identité nationale », aussi mouvant, fluctuant et insaisissable. Les trois quarts des langues africaines appartiennent à la famille des langues bantoues. *Bantu* n'est pas un terme ethnique, mais *linguistique* (l'équivalent des langues dites indo-européennes). Il s'agit en fait d'un sous-groupe de la famille des langues congo-kordofaniennes, dont le noyau primitif se trouvait sur les plateaux nigérians quelque deux ou trois mille ans avant notre ère. Leurs locuteurs se dispersèrent progressivement vers l'Afrique occidentale, ou vers la cuvette congolaise et, de là, vers l'Afrique australe, en apportant vraisemblablement avec eux la métallurgie du fer et donc la domestication de l'agriculture ; ils constituèrent, sur plusieurs millénaires, la première colonisation interne du continent, au sens premier du terme : la conquête agricole des terres. Aujourd'hui, il existe plusieurs centaines de langues bantoues, dont les locuteurs sont très loin de tous se comprendre (à l'image d'un Anglais et d'un Français, dont les langues sont pourtant toutes deux issues de la famille indo-européenne). En Afrique australe, leurs langues furent contaminées par celles des premiers occupants, locuteurs khoi-san (ou langues à clics, sons produits par le claquement de la langue), que l'avancée des bantouphones refoula il y a très longtemps vers les confins inhospitaliers du désert du Kalahari.

Le groupe dominant en Afrique du Nord est celui des langues dites afro-asiatiques, dont font partie le berbère (parlé en Afrique du Nord depuis plusieurs millénaires) et l'arabe (qui ne s'y est répandu qu'au VIIIe siècle de notre ère) : d'où le caractère approximatif et discutable de l'expression « arabo-berbère ». À noter que l'utilisation courante du terme « arabe » pour désigner un peuple est une hérésie scientifique (sauf s'il s'agit de désigner, dans les temps anciens, des habitants de la péninsule Arabique) : on devrait parler d'*arabophones*, en particulier pour l'Afrique du Nord où la grande majorité des peuples étaient berbérophones ; les « Arabes » musulmans sont, en majorité, des descendants autochtones d'ascendance berbérophone (ou autre) convertis à l'islam. L'*arabité* est un concept culturel peu clair qui s'est affirmé à partir des grands empires médiévaux dits « arabo-musulmans ».

Avant la colonisation, comme partout, il exista en Afrique de nombreuses formations politiques, de la plus petite (chefferie) à la plus grande (empires). Ces sociétés politiques eurent une histoire commune parfois pendant plusieurs siècles, un système hiérarchisé, un mode de production et de vie et, le plus souvent, une langue commune : le fon dans le royaume d'Abomey, l'ewe sur la côte togolaise actuelle, le yoruba ou l'igbo au Nigeria (actuel), etc. C'étaient des États, et même souvent des États-nations, même si leurs bases et leurs règles étaient différentes de celles des États européens en formation depuis le XVIe siècle. Les Européens les appelèrent des « tribus » ou même des « races » (mention présente sur les formulaires d'identité en AOF jusqu'en 1960). Pour faire moins « colonial », les ethnologues reprirent le mot d'origine allemande « ethnie ». Il en est issu des confusions entre « peuple », « État » et « ethnie ».

À l'époque coloniale, les administrateurs eurent comme souci de fixer des populations jusqu'alors très mobiles : on dessina sur les cartes des frontières-lignes, à l'intérieur desquelles on traça des subdivisions (les « cercles »). On obligea les gens à y résider, et on les « catégorisa » en tribus (que les chercheurs nommèrent à nouveau *ethnies*, comme s'il s'agissait des mêmes qu'avant) ; ainsi, le terme « Yoruba » — qui ne désignait auparavant que les habitants de la région d'Oyo — fut imposé par les Britanniques pour désigner une aire beaucoup plus vaste, incluant tous les individus de langue et de culture proches, mais dont l'organisation politique était auparavant très diverse. De leur côté, les groupes africains soumis réagirent contre le pouvoir blanc : ils se tournèrent vers un passé plus rêvé que réel et, comme tous les peuples, le reconstruisirent plus beau et plus uni. Ces mythes d'origine furent renforcés par une réaction régionaliste et traditionniste qui avait commencé à prendre forme bien avant la colonisation. Le XIXe siècle fut en effet caractérisé par de grands empires de conquête intérieurs : en Afrique de l'Ouest, la tentation fut alors grande pour ces nouveaux pouvoirs issus des djihads d'accréditer un passé d'islam fervent qui était en réalité loin d'aller de soi. Les ethnologues coloniaux, qui s'engouffrèrent dans cette faille, contribuèrent largement à renforcer ces reconstructions identitaires. Un exemple intéressant est celui de l'élaboration du « peuple peul », qui résulte d'un amalgame complexe et ancien. À l'origine se trouve sans doute un petit noyau humain d'origine saharienne, refoulé il y a quelques millénaires vers le haut Sénégal par l'assèchement du désert. Des poussées démographiques périodiques ont favorisé des métissages nombreux avec les populations environnantes, qui ont trouvé leur plus grande extension au fil du XIXe siècle. À partir de la fin du XVIIIe siècle, la conjonction des informations échangées dans les deux sens par les chefs et autres informateurs locaux et les voyageurs et ethnologues européens, dont chaque partenaire réinterprétait à sa façon les renseignements fournis par l'autre, a contribué à l'« invention » d'une culture peule multiséculaire ; or il s'agit en réalité du fruit de rencontres et d'échanges incessants entre divers groupes migrants finalement unifiés par leur conversion tardive à l'islam, essentiellement au XIXe siècle [3].

Ce double courant, de revendication nationalitaire autochtone d'une part et, d'autre part, de volonté classificatoire coloniale, rigidifia et créa même parfois des

---

3   Ces traditions reconstruites attribuaient aux Peuls les origines les plus exotiques, par exemple (entre autres !) une ascendance lointaine avec les Hébreux, en référence à leur teint parfois assez clair. En réalité, leur apparence physique très variée reflète l'histoire de métissages complexes, facilités par des processus migratoires incessants. Anna PONDOPOULO, *Les Français et les Peuls, histoire d'une relation privilégiée*, Les Indes savantes, Paris, 2008.

« ethnies », dont on cartographiait désormais le territoire. Au moment de l'indépendance, lorsque les élections furent généralisées, les députés cherchèrent à se faire élire dans leur région d'origine. Ils développèrent alors l'argument suivant : « Je suis de votre région, je suis de la même ethnie que vous. » Il s'agit cette fois de manipulations politiciennes modernes : ce qu'on a appelé le tribalisme. Ce phénomène, si caractéristique du génocide rwandais (1994), fut peu ou prou exploité partout ailleurs.

Il est donc faux de parler de guerres « ethniques ». Ce sont des guerres modernes de lutte pour le pouvoir et la terre, s'appuyant sur des revendications identitaires reconstruites et manipulées. C'est essentiel pour comprendre l'histoire récente du Rwanda ou de la Côte-d'Ivoire (par exemple) : les problèmes y étaient d'abord d'ordre politique et foncier, et non d'ordre ethnique, quand bien même ils en empruntaient le discours et la forme. Tout cela relève d'un regard eurocentré, qui ne cherche à comprendre les questions africaines que du point de vue de l'observateur européen. Cela ne signifie pas que les « ethnies » n'existent pas aujourd'hui ; certains régionalismes « ethniques » sont plus forts que jamais. Mais ce sont des reconstructions récentes, parfois bien plus rigides qu'autrefois, qui se sont greffées sur des héritages historiques et culturels passés parfois très différents.

4

L'évolution des structures sociales

Pendant des millions d'années, l'Afrique fut le berceau de l'humanité, mais d'une humanité qui paraît s'être ensuite « développée » — au sens technique et économique du terme — ailleurs, aux dépens du continent qui la vit naître. Certes, les Africains ont su, autant que les autres, au moyen des instruments qu'ils inventèrent à cette fin, tirer le meilleur parti de l'environnement qui leur était imparti. C'est pourquoi ce n'est en rien dénigrer l'Afrique que de constater que des sociétés paysannes peu outillées s'y maintinrent plus longtemps qu'ailleurs (on pourrait tout aussi bien s'interroger sur la « régression » de l'Europe méditerranéenne médiévale et de la civilisation byzantine, eu égard au « miracle » grec). Le développement technique mis au point au fil des siècles grâce à ce qu'on peut schématiser comme une heureuse combinaison d'inventions chinoises, juives, arabes et européennes intervint au sud du Sahara plus tard qu'ailleurs. Or, pas plus que les Indiens d'Asie (qui eurent eux aussi à subir des « colonisations » successives), mais contrairement aux Amérindiens ou aux Aborigènes d'Australie, les habitants ne furent exterminés ou absorbés. Ils étaient trop nombreux et trop vivants pour cela. Pourquoi donc sont-ils les derniers (nettement après les Indiens par exemple) à connaître une économie d'investissement plutôt que de thésaurisation et de distribution ? Pourquoi les richesses du mercantilisme et du commerce à longue distance se sont-elles à tant de reprises désintégrées au lieu de générer des activités productives ? Il ne s'agit pas de tomber dans l'« afro-pessimisme », néanmoins cette question angoissante impose à tout chercheur en sciences sociales comme à tout citoyen, d'Afrique ou d'ailleurs, d'embrasser l'ensemble du passé s'il veut essayer d'y répondre.

Une des questions le plus souvent posées sur l'Afrique est la suivante : pourquoi ce continent, doté de richesses humaines et de ressources minérales exceptionnelles, connut-il un « développement » tardif ? Certes, les conditions écologiques sont, on l'a vu, très irrégulières. Mais c'est la conjonction de nombreux facteurs interdépendants, internes et externes, qui permet seule de rendre compte, en définitive, de l'histoire des sociétés sur la longue durée.

L'héritage des structures sociales, longuement étudiées par les anthropologues, joua un rôle dans cette évolution. Pourquoi, par exemple, les Africains vivant au sud du Sahara n'adoptèrent-ils pas la roue, connue des Égyptiens et des Éthiopiens, et dont les traces préhistoriques, révélées par les peintures rupestres du Sahara, parvinrent sûrement jusqu'à eux ? Fut-ce parce que les sols ne s'y prêtaient pas ? Parce qu'une pression démographique limitée n'incitait guère à intensifier la production ? Parce que les rives des fleuves intertropicaux, infestées par l'onchocercose, ne se prêtaient pas à la diffusion des techniques d'irrigation pratiquées le long du Nil ? Le fait est qu'en dehors des crises écologiques (communes à toutes les sociétés préindustrielles) un équilibre relatif put s'instaurer entre des populations dans l'ensemble peu denses, souffrant donc peu du manque de terres caractéristique du Moyen Âge occidental, et leur mode de subsistance. Entendons-nous bien : cela n'a rien à voir avec l'*immobilisme* naguère supposé par les ethnologues occidentaux (et aujourd'hui encore par Nicolas Sarkozy). Mais, partout dans le monde, les sociétés rurales préindustrielles connurent une élasticité limitée par la nature, et donc une stabilité relative des principes d'organisation avant l'intrusion de la mécanisation. Cela n'est vrai, malgré les apparences, que jusqu'aux débuts de la colonisation qui, rappelons-le, débuta dès le XVIe siècle dans certains endroits (au Mozambique ou sur la côte angolaise par exemple), et au XVIIIe siècle lorsque des missionnaires importèrent en Afrique les premières charrues (en Afrique australe notamment).

Une économie rurale de subsistance

Cet équilibre relatif put perdurer parce qu'il était tendu vers un unique objectif : la *subsistance* du groupe. Le travail de la collectivité rurale connaissait un faible degré de spécialisation ; le niveau technologique rudimentaire rendait peu significatif le contrôle matériel des moyens de production : tout le monde ou presque pouvait posséder une *daba* (houe), tout le monde pouvait cultiver son champ, dans un contexte où l'on ne souffrait pas ou peu de la « faim de terre ». Cela explique l'absence de l'appropriation privée du sol, au moins au sens strict du terme. À proprement parler, le concept de propriété privée de la terre (concept clairement défini en Occident par le droit romain) n'existait pas. La terre n'était pas appropriable, elle était un don du ciel qui assurait la survie grâce à ses produits : culture, élevage, chasse et cueillette. En disposaient et pouvaient en transmettre la jouissance les membres de la collectivité censés descendre des premiers occupants — et qui conservaient ce statut même si des conquérants étaient intervenus entre-temps. Mais il était hors de question de la vendre. Le « chef de terre », souvent différent du chef politique (qui, lui, pouvait descendre d'un conquérant), jouait un rôle religieux plutôt que foncier. Il assurait la régulation de l'exploitation du terroir plus ou moins au prorata de la dimension et du rang des familles, mais il ne pouvait en disposer à des fins personnelles, même si, dès les premiers contacts avec les Européens, ceux-ci l'ont fait agir peu ou prou comme le propriétaire de fait — au sens occidental du terme. Dès 1891, par exemple, les Achanti entreprirent la mise en valeur de terres cacaoyères, qu'il s'agissait dès lors d'acheter et de faire fructifier ; pour ce faire, les Anglais les encouragèrent à adopter la transmission patrilinéaire de leurs biens (c'est-à-dire de père en fils), alors que la société achanti était matrilinéaire, ce qui décourageait les planteurs de bonifier des terres qui, à leur mort, reviendraient aux enfants de leurs sœurs [1]. En 1900, les Britanniques érigèrent les chefs provinciaux du royaume ganda en grands propriétaires fonciers des terres qu'ils avaient à administrer.

Auparavant, c'était le groupe tout entier qui assurait une production destinée essentiellement à sa subsistance. En Afrique centrale et orientale dominait l'habitat dispersé ; il n'était pas rare, lorsqu'un chef était polygame, que chacune de ses femmes se trouvât à la tête d'une exploitation isolée. Cela explique pourquoi, au début des indépendances, un certain nombre de gouvernements autoritaires (notamment « marxistes-léninistes ») imposèrent le regroupement des villages ; ce fut le cas en Éthiopie, en Tanzanie ou au Mozambique. L'idée n'était pas mauvaise en soi, qui traduisait le souci de mettre en commun les outils modernes de l'exploitation agricole. Mais les opérations, précipitées et mal acceptées, se traduisirent par des catastrophes écologiques et humaines.

En pays de forêt, les villages dépassaient rarement une centaine d'habitants. En revanche, dans les savanes d'Afrique de l'Ouest ils étaient plus gros et pouvaient regrouper, sous le contrôle du patriarche entouré des demeures de ses femmes, tout un lignage, c'est-à-dire une vaste famille sur plusieurs générations. Le cas le plus

---

1   La transmission matrilinéaire se faisait d'oncle à neveu dit utérin (fils de la sœur), car la transmission du lignage se faisait pas les femmes.

fréquent était le voisinage de plusieurs fragments de lignages différents ; car si la descendance croissait trop, elle essaimait, avec à la tête de chaque groupe un descendant de l'ancêtre commun, ce qui créait des liens entre les différents villages. Ces maisonnées, proches de la terre et soumises à la nature, étaient moins organisées pour *produire* que pour survivre. Chacune constituait un centre autonome de production et de consommation où, faute de surplus, les échanges commerciaux, s'ils n'étaient pas absents, restaient limités. Même dans les régions où les marchés étaient denses et fréquents, comme en Afrique de l'Ouest, on ne venait pas seulement pour vendre ou acheter un menu produit (le plus souvent, on échangeait un peu de bois contre une poule, ou le contraire). Les transactions de voisinage étaient aussi l'occasion d'échanges de toute nature ; échange *social* d'abord : on venait entendre les nouvelles ou discuter, dans certaines sociétés, des alliances matrimoniales, etc. ; échange *politique* également : pour le chef, le marché était un moyen de rassembler les villageois, donc de faire reconnaître son autorité par les chefs voisins, et de collecter le tribut. Régional ou local, le marché était donc un lieu social autant qu'économique.

Hormis pour les grands chefs, le surplus commercialisable demeurait limité, l'impact du faible niveau technologique se trouvant renforcé par la qualité médiocre des sols. Dans ce cadre, la vie paysanne était moins un *mode de production* qu'un *mode d'existence* : c'est une différence essentielle par rapport au mode de production mercantiliste occidental, où tout s'achète et se vend, toute valeur étant valeur d'échange, y compris la force de travail. En revanche, dans le mode paysan — même si le secteur marchand y exista de tout temps et dans toutes les sociétés —, ce n'est pas la valeur marchande, c'est l'appréhension directe des valeurs d'usage, concrètes et multiples, qui occupait toute la vie sociale : un objet, une idée ne valaient que par l'usage que l'on en faisait. Tel objet banal, dont la valeur commerciale était minime en Europe (une aiguille, un couteau, une mesure de sel) pouvait représenter une valeur sans commune mesure avec son prix de revient, parce qu'il était rare, venu de loin, ou parce qu'il était réservé à un usage noble (comme certains types de pagne, l'or, ou l'ivoire thésaurisé grâce à la chasse).

Cela concernait tout ce qui répond aux besoins : nourriture, outils, vêtements, mais aussi objets d'art et monuments, connaissances (le savoir magique, destiné à agir sur la nature) et croyances. En effet, l'appréhension des valeurs d'usage se faisait au niveau le plus bas des forces productives. C'est pourquoi, soumis aux puissances de la nature, l'homme interprétait le monde sous une forme religieuse qui lui tenait lieu de science : même au niveau matériel le plus misérable, les besoins ne se mesuraient pas seulement en termes physiologiques mais, simultanément, en termes idéologiques et sociaux, c'est-à-dire élaborés par et pour la société. Autrement dit, les rapports de production ne se limitaient pas (comme dans le mode capitaliste) à une définition juridique de la propriété ou du profit : ils prenaient, à l'occasion de la production, une dimension à la fois sociale et politique.

Tel qu'il est décrit ci-dessus, le mode de production paysan semble parfois avoir subsisté tardivement. Selon les zones, le principe de base pouvait différer : on commercialisait le manioc et parfois le riz (en climat équatorial), le mil (en zone soudanienne), voire, sous la colonisation, une culture d'exportation payée cash (l'arachide au Sénégal ou au Niger, l'huile de palme sur la côte nigériane ou déhoméenne, la noix de cajou au Mozambique, le café ou le cacao ailleurs). Mais le schéma resta longtemps analogue. Malgré les apparences, il n'en va plus de même, nulle part. Certes, les moyens technologiques demeurent souvent rudimentaires, les femmes continuent fréquemment de n'utiliser que leur *daba* pour cultiver ; on les voit s'agglutiner autour des puits ou des marigots, et défiler sur les routes de campagne la tête chargée d'une cuvette remplie d'eau ou de fagots de bois. Mais même les paysans africains les plus fidèles à leurs idéaux et à leurs rites ancestraux sont intégrés à l'économie mondiale, ne serait-ce qu'au travers de l'agriculture d'exportation (*cash crops*). Pour survivre dans les villages, ils ont dû depuis longtemps participer à l'« économie de traite », en vendant les récoltes pour acheter non seulement les biens de consommation courante (qui tuent l'artisanat local) mais aussi, de plus en plus, des produits vivriers peu rentables qu'ils ont souvent eu tendance à négliger. Un des exemples caractéristiques est celui du producteur mouride du Sénégal, autrefois soumis à un système pseudo-féodal d'exploitation de l'arachide. Celle-ci était contrôlée par les grands marabouts de sa confrérie dans un cadre créé, entretenu et encouragé par la colonisation [2]. Puis la production arachidière déclina ; l'économie de la confrérie s'adapta. Les anciens paysans ou *talibe* furent envoyés par leurs maîtres à travers le monde où ils vendent maintenant, sur les marchés, les trottoirs et les plages d'Europe et d'Amérique, leurs produits artisanaux — de plus en plus souvent, en réalité, des objets de pacotille initialement produits en masse et à bas prix en Italie du Nord, mais désormais également importés d'Asie.

Même lorsqu'ils sont restés sur place, les paysans d'aujourd'hui sont en contact avec la ville. Ils connaissent tous, au plus profond des campagnes, les prix du marché et sont au fait des informations internationales, ne serait-ce que grâce au transistor à piles, instrument d'écoute universellement partagé. Depuis peu, le téléphone portable a fait son apparition, sans oublier la télévision, présente un peu partout parmi les classes moyennes et bourgeoises grâce aux groupes électrogènes.

Le cadre agraire prémoderne a donc vécu. Il correspondait à un rapport donné, relativement stable, entre un sol pauvre, une démographie modeste et un ordre

---

2 Les « confréries » sont une organisation typiquement africaine de l'islam, que l'on retrouve en particulier au Sénégal. La confrérie mouride a pour origine un pieux musulman, Amadou Bamba, qui fut au début du XXe siècle inquiété par l'administration coloniale, ce qui valut au mouvement de nombreux adeptes ou *talibe*. Ses successeurs surent exploiter ce succès religieux en confiant à leurs fidèles la production arachidière. Aujourd'hui, les responsables mourides investissent dans l'immobilier et dans le commerce international.

social lignager. Il ne faut pas non plus enjoliver cet équilibre, qui n'excluait ni les ruptures de soudure (phase fréquente de pénurie entre l'épuisement des greniers de l'année précédente et l'attente de la récolte à venir), ni les catastrophes démographiques. La précarité des ressources rendait l'élasticité du système très limitée : le moindre choc (guerre, surpeuplement, etc.) pouvait provoquer la rupture. On imagine dans ce contexte les drames provoqués par la conquête coloniale, surtout quand on sait que les techniciens les mieux intentionnés des services agricoles contemporains n'ont même pas su les éviter [3].

L'*autorégulation sociale* était un élément fondamental de la stabilité interne du système. Tout se passait comme si le système foncier visait à protéger le groupe contre une pénurie artificielle des terres, en empêchant leur accumulation entre les mains de quelques privilégiés. La première garantie était l'absence de l'appropriation privée ; les droits sur le sol, propriété collective, étaient jalousement gardés par les institutions. Cela s'explique notamment par le fait que le système économique ne pouvait guère se permettre de nourrir des non-productifs : le cycle vivrier produisant peu de surplus, il suffisait tout juste à assurer la subsistance et la reproduction du corps social. Les grands chefs pratiquaient le même système, la différence étant qu'ils contrôlaient des

---

3   Si l'on veut en savoir davantage, *cf.* Catherine COQUERY-VIDROVITCH, *Afrique noire. Permanences et ruptures*, Payot, Paris, 1985 (2ᵉ éd. révisée, L'Harmattan, Paris, 1993).

fermes plus vastes que les autres, donc cultivées par un nombre élevé de femmes, de dépendants et d'esclaves.

Cette fragilité des campagnes rend compte de la gravité des ruptures d'équilibre provoquées par la colonisation : soit les communautés perdirent la jouissance d'une partie de leur terroir à l'occasion de la politique aveugle des grandes concessions européennes, telle qu'elle fut pratiquée au Congo belge ou français au tournant des XIXe et XXe siècles ; soit les recrutements forcés provoquèrent un exode rural massif des travailleurs valides, laissant derrière eux vieillards, femmes et enfants, incapables d'assumer leur propre subsistance ni, à plus forte raison, celle des nouvelles concentrations ouvrières sur les chantiers forestiers, routiers, ou miniers ; soit, au contraire, une accélération brutale de la croissance démographique — telle que celle amorcée à partir des années 1930 et surtout après la Seconde Guerre mondiale — fit augmenter massivement le nombre de bouches à nourrir ; soit, enfin, un développement disproportionné des cultures commerciales d'exportation détourna de la production vivrière une part excessive de la force de travail.

Contre ces agressions, le corps social avait appris à se protéger, avec les moyens modestes laissés à sa disposition et utilisés jusqu'à la limite du possible. Dans l'économie paysanne, assurer la subsistance et l'entretien de la maisonnée était l'objectif majeur. Or, d'une génération à l'autre, la production vivrière pouvait connaître une alternance éventuelle d'expansion ou de diminution de l'exploitation en fonction de la dimension du groupe et du nombre de bras susceptibles de manier la *daba*. Ce qui demeurait essentiel, c'était le maintien de la lignée malgré ces aléas, d'où l'importance du culte des ancêtres chargés de la protéger. Certes, les religions d'Afrique sont presque aussi nombreuses que ses langues, ses cultures et ses peuples ; à chacun ses dieux, ses génies, ses ancêtres, ses rites, ses prières, ses sacrifices. À première vue, tout oppose la religion des Dogons à celle des Zoulous. En réalité, leurs caractéristiques fondamentales sont proches : les cultes avaient essentiellement pour objet de relier les hommes, par le truchement de leurs ancêtres, au monde protecteur invisible de la nature. Le surnaturel faisait partie de la vie quotidienne. C'est pourquoi les civilisations africaines, plurielles, furent toujours prêtes à s'ouvrir à d'autres divinités voisines si leur pouvoir s'avérait efficace : d'où la faculté d'adopter les rites monothéistes (de l'islam ou du christianisme), sans pour autant renier les siens. Un proverbe se plaît à dire que l'on est en Afrique « musulman-animiste, chrétien-animiste, ou animiste-animiste ».

Des sociétés inégalitaires

Les sociétés africaines furent aussi inégalitaires que les autres. On peut en considérer les deux extrêmes : les sociétés dites lignagères, souvent (mais pas toujours) caractéristiques de l'Afrique centrale forestière, et les sociétés aristocratiques, dont un cas extrême est celui des éleveurs des confins désertiques et sahéliens, aussi bien au nord (tribus touarègues, Peuls, Wolofs) qu'au sud (Tswanas). Entre les deux, de nombreux États combinèrent de diverses manières l'articulation entre les privilèges des dignitaires et les tâches de la masse qui leur était soumise, alternativement composée d'agriculteurs (en saison des pluies) ou de soldats du prince (en saison sèche).

Les ethnologues, fascinés par des coutumes dont ils découvraient l'originalité et influencés par les préjugés occidentaux de l'époque, eurent tendance à décrire la « communauté villageoise » comme un paradis perdu, une sorte de communisme primitif de la précarité. C'est inexact. D'abord, tous les lignages n'occupaient pas le même rang : il y avait des lignages forts, dont dépendaient des lignages subordonnés ou même esclaves. Ainsi, en forêt, les groupes de chasseurs pygmées étaient les esclaves des peuples cultivateurs qu'ils approvisionnaient en viande. Au sein d'un même lignage, l'inégalité était la règle. Dans ces sociétés « préscientifiques », le savoir était identifié à la sagesse, laquelle, liée à l'expérience, était réservée aux plus anciens. Les aînés exigeaient le respect : une des règles de politesse les plus tenaces, encore aujourd'hui, est le respect de la parole des anciens. Un jeune n'avait ni le droit de s'adresser à ses aînés directement, ni, encore moins, de les regarder dans les yeux. À la séniorité s'ajoutait le statut social : la famille élargie incluait non seulement ses membres génétiques (épouses et enfants, neveux et nièces, petits-enfants…), mais toute une série de dépendants (enfants « gagés » ou échangés entre lignages voisins, dépendants et « castés », et, encore au-dessous d'eux, esclaves possédés de génération en génération).

Castes et esclaves

Peu répandues en pays de forêt, les castes étaient fréquentes chez les éleveurs du sahel et en Sénégambie. Les castés étaient au service des gens libres et ne pouvaient sortir de leur condition ; la caste impliquait en effet l'endogamie (pas de mariage en dehors de sa caste) et la transmission du même savoir-faire de génération en génération. C'était une inégalité importante pour les gens de métier : forgerons, tisserands, cordonniers, ou griots (chanteurs-musiciens) spécialisés dans la mémorisation des faits et gestes des grandes familles auxquelles ils étaient attachés, de père en fils ou de mère en fille. Comme en Inde, il reste parfois difficile de lutter contre les préjugés de caste, qui peuvent entraver la vie politique : ainsi, au Sénégal, l'action militante des syndiqués du réseau ferré de l'AOF (presque tous castés car travaillant le fer) eut jusque dans les années 1950 bien du mal à faire la jonction avec les milieux politiques dakarois (souvent descendants d'hommes libres, en sus « originaires » de nationalité française). Encore aujourd'hui, il peut être problématique pour un casté de poursuivre une carrière politique [4].

---

4 On raconte à Dakar qu'Amadou-Makhtar Mbow (né en 1921), qui fut directeur général de l'UNESCO (1974-1987), aurait en 1966 opté pour une carrière internationale parce que, alors qu'il se présentait aux élec-

À propos des esclaves, les chercheurs sont revenus sur la distinction longtemps en vigueur (ce qui évitait aussi de poser le problème) entre le « captif » local, censé connaître une vie familiale globalement acceptable, et l'« esclave de traite », condamné à la vente, en Amérique ou ailleurs. Ni plus ni moins que dans les autres sociétés prémodernes, l'esclavage ne fut inconnu en Afrique. Quoi qu'aient cru et dit les observateurs instruits par les chefs de façon souvent tendancieuse, la captivité et les souffrances des plus démunis ne furent pas moins âpres que celle des esclaves « exportés ». Comme partout, il y eut de « bons » et de « mauvais » maîtres. On décèle, depuis le XVIe siècle au moins, une corrélation entre l'émergence des États et la mise en place d'une force de travail servile. Il a également existé des plantations esclavagistes, qui se développèrent avec les cultures d'exportation, surtout au XIXe siècle précolonial. Ce sont les guerres, nombreuses entre peuples voisins, qui furent les principales pourvoyeuses de prisonniers (et de femmes) incorporés en qualité d'esclaves à la société victorieuse. Ces esclaves de guerre n'étaient pas prioritairement des soldats : faire partie de l'armée du prince restait un privilège aristocratique, et un homme de bonne naissance était monnayable contre rançon (comme cela se pratiquait dans la « course » méditerranéenne). L'armée victorieuse ratissait les villages : outre les femmes, toujours

---

tions municipales dans le parti d'opposition, les gens se tenaient sur le pas de leur porte une savate à la main pour signifier que sa famille appartenait à la caste des cordonniers.

appréciées, ceux qui étaient razziés comme esclaves étaient souvent déjà esclaves auparavant. Il s'agissait des plus démunis, dont les proches étaient incapables de racheter la liberté. On pouvait aussi réduire en esclavage (et donc vendre ailleurs) des gens dont on voulait se défaire, dans des sociétés qui ignoraient l'usage de la prison fermée : un individu chassé du village n'avait d'autre recours que d'aller se réfugier auprès d'un autre groupe, qui l'acceptait comme dépendant ou comme esclave [5].

Bien entendu, il faut d'abord définir ce que l'on entend par « esclavage », qui ne désigne pas nécessairement un système aussi spécifique que celui du sud des États-Unis dans les plantations de coton. L'esclave était un « étranger sans racine », tache indélébile chez des peuples où l'essentiel de la religion consistait à honorer les ancêtres. On était esclave de naissance ou on le devenait, étant entendu que tous les étrangers n'étaient pas nécessairement esclaves, et que la condition libre n'était pas non plus aisée à définir dans nombre de sociétés africaines anciennes. La condition servile était majoritairement féminine ; il était beaucoup plus difficile pour une femme que pour un homme de s'en émanciper. Mais l'homme, même libéré, n'en restait pas moins, avec ses descendants, à jamais un esclave social, car il restait dépourvu d'ancêtres fondateurs : en Sénégambie, on peut encore aujourd'hui deviner, à partir de son nom, si

---

5   *Cf.* Harris MEMEL-FOTÉ, *L'Esclavage dans les sociétés lignagères de la forêt ivoirienne (XVIIe-XXe siècle)*, Éditions du CERAP-IRD, Paris, 2007.

une personne descend ou non d'un esclave, d'un *ceddo* (guerrier), d'un casté ou d'un homme libre.

La hiérarchisation sociale était accentuée dans les sociétés aristocratiques, très répandues chez les peuples où l'élevage était dominant ; par exemple dans les pays du sahel ou chez les Touaregs, cavaliers du désert dont les *haratin*, les cultivateurs des oasis, étaient les esclaves. Non seulement l'inégalité entre lignages était accentuée, mais il existait aussi une inégalité interne face aux chefs et princesses, qui vivaient entourés d'une foule de dépendants et d'esclaves à leur service.

Or, à tous les niveaux, du haut au bas de l'échelle sociale, la même organisation primait pour ce qui relevait de la subsistance : les nobles comme les petites gens se trouvaient à la tête d'exploitations rurales dont les principes d'exploitation étaient similaires. Seules différaient, bien entendu, leur taille et la répartition des récoltes, dont les lignages dépendants remettaient une partie (le tribut) à leurs maîtres. Ces inégalités sociales anciennes furent parfois entérinées et figées par les colonisateurs ; ce fut le cas au Rwanda, où l'administration belge décida en 1940 d'enregistrer comme Tutsi tous les propriétaires de plus de dix têtes de bétail — appartenance désormais entérinée sur leur carte d'identité [6] ; ce mythe d'une origine noble avait été volontiers confirmé,

---

6   La mention de l'ethnie sur la carte d'identité fut supprimée au Burundi à l'indépendance (1962), mais maintenue au Rwanda jusqu'en 1994 : c'est pourquoi, au moment du génocide, avoir « perdu » sa carte d'identité signifiait que l'on était tutsi et exposait au massacre…

voire élaboré, par les historiens locaux d'origine tutsie, qui avaient été privilégiés par le système d'éducation colonial.

Tout cela incite à interroger un fait jusqu'à présent assez négligé : celui des rapports « interraciaux » antérieurs au racisme blanc/noir institutionnalisé par les Européens. Celui-ci est un héritage si prégnant qu'il eut tendance à neutraliser la possibilité d'analyse des inégalités internes préalables. Or il existait, dans les sociétés africaines comme ailleurs, des distinctions impératives de statut, des prescriptions endogamiques, des interdictions de frayer entre catégories différentes. On ne peut donc faire l'économie d'un phénomène qui a existé dans nombre de sociétés : leur « racialisation ». Les sociétés africaines connurent comme les autres des représentations identitaires différenciées et des formes de racisme, non pas nécessairement fondé sur la couleur, mais sur une accumulation de préjugés distinguant, selon les lieux et les cas, les « civilisés » (les chefs, les érudits, les musulmans) des « sauvages » (les étrangers, les exclus, les inférieurs).

De ce point de vue, les concepts d'ethnie ou de lignage, qui fournissent une interprétation essentiellement biologique des liens de parenté, furent une façon de « noyer le poisson ». Des « rapports de race » (partiellement masqués par le mythe de la consanguinité, ce qui était loin d'être toujours le cas) existèrent au sein d'un même lignage, comme entre familles et castes différentes, voire concurrentes. Aucune des identités collectives contrastées actuelles (« Arabes » *versus* « Africains » au Soudan ou à

Zanzibar, où ils ne se distinguent souvent ni par la couleur ni par la religion ; ou, au Rwanda et au Burundi, Tutsi *versus* Hutu, de langue et de culture communes) ne fut ni entièrement inventée par l'épisode colonial, ni seulement léguée par l'histoire plus ancienne. La façon de penser collectivement le soi et l'autre fut en Afrique, comme partout ailleurs, remaniée de génération en génération, héritée en partie de matériaux très anciens, mais toujours combinés à de nouvelles inventions. Il en va ainsi des grandes peurs qui ont parfois abouti à des massacres, voire à un génocide : des souvenirs historiques, relatifs par exemple à des razzias esclavagistes subies par les ancêtres d'un groupe, peuvent être réélaborés par l'imaginaire populaire en mémoire collective. Celle-ci, en transformant l'appartenance au groupe en enjeu victimaire, est alors susceptible d'engendrer des accès de violences. Ce sont ces violences qui deviennent génératrices de haines raciales justificatives, plutôt que le contraire. Il ne s'agit en aucun cas de nier le rôle de la colonisation, qui joua souvent un rôle de catalyseur, mais qui ne doit néanmoins pas être transformée en *deus ex machina* manipulateur et unilatéral. Les chefs et les intellectuels locaux jouèrent de leur côté, avant et après la phase coloniale, un rôle parfois décisif dans le déclenchement des dérives récentes.

Le rôle essentiel des femmes

Si les chefs produisaient plus, c'est qu'ils possédaient davantage de femmes, et que les femmes avaient, dans l'organisation de la société, un rôle original majeur.

Quelles que soient la zone climatique et l'idéologie dominante, animiste ou musulmane, on retrouve globalement les mêmes caractéristiques.

La clé était partout la même : la division sexuelle des tâches. Sauf exception, aux hommes revenaient les travaux de force (l'abattage d'un seul arbre pouvait exiger de deux hommes une journée de travail continu), la guerre, l'édification de la tente ou la construction de la maison (quoique en Afrique australe cette tâche incombât aux femmes), la chasse et la pêche, la politique ; aux femmes, la subsistance — depuis les semailles jusqu'au transport dans les greniers et les cuisines — et bien entendu l'éducation des enfants, avec un taux de fécondité naguère proche du maximum biologique, soit, en moyenne, un enfant tous les trois ans. Les femmes jouissaient d'une certaine autonomie puisque, avec leurs jeunes enfants, elles vivaient dans un monde séparé de celui des hommes ; elles travaillaient, mangeaient, se distrayaient ensemble, dans une vie souvent collective mais aussi inégalitaire : la mère du mari régentait ses épouses, la première épouse avait barre sur les plus jeunes. La différence était que les hommes légiféraient pour l'ensemble du groupe, tandis que les femmes n'avaient de pouvoir que sur elles-mêmes. L'idéologie de la supériorité masculine existait partout, y compris dans les sociétés dites matrilinéaires — à l'origine les plus fréquentes —, qui garantissaient néanmoins à l'épouse une autonomie réelle au sein du ménage, car elle continuait de dépendre de son propre lignage. Les enfants du couple lui appartenaient et revenaient aussi à son lignage : si elle divorçait, elle les emmenait avec elle. Enfin, si elle gagnait sa vie, elle pouvait disposer de ses gains ou les remettre à sa propre famille et non à celle de son mari.

En ce cas, la transmission se faisait alors non pas de père en fils, mais de l'oncle au fils de sa sœur (dit neveu utérin) ; autrement dit, l'héritage transitait par les femmes. Cela conférait à la femme non le pouvoir, mais la capacité de *transmettre* le pouvoir aux mâles de la famille. Ce privilège de « mère de chef » a pu jouer un rôle important. Compte tenu du nombre élevé d'enfants des deux sexes à chaque génération, dont un certain nombre arrivait à l'âge adulte, il y eut aussi des problèmes d'héritage complexes, qui reliaient entre eux de très nombreux lignages, et engendrèrent nombre de guerres picrocholines. D'où l'effort des colonisateurs pour favoriser l'héritage patrilinéaire, plus favorable à l'investissement direct et donc à la transmission des *cash crops*.

Le mariage était un contrat à la fois politique, économique et social et non un sacrement, comme dans les religions monothéistes. La valeur d'une femme dépendait à la fois de sa fécondité et de sa force de travail. La femme était (et reste) glorifiée en qualité de mère, symbole et réalité de la fécondité, comme dans toutes les sociétés agraires. Certes, la naissance d'une fille était moins nécessaire que celle d'un garçon, parce que c'est à celui-ci que revenait la charge religieuse primordiale : le culte des ancêtres, intercesseurs nécessaires entre les hommes et les divinités, ancêtres qu'il fallait convaincre, pacifier, bref honorer, sous peine des pires malédictions.

Mais la condition féminine était globalement moins handicapante que dans les sociétés asiatiques. À la différence des sociétés chinoise ou indienne, avoir une fille n'était pas une catastrophe mais un gage de richesse ; pour la famille, c'était une promesse de travail et la garantie d'avoir des enfants. Une cultivatrice ne pouvait travailler à la houe guère plus de 2,5 ha par an ; avoir plus de femmes c'était avoir plus de terres et plus d'enfants, donc un lignage plus fort. C'est pourquoi la *compensation matrimoniale*, à la différence de la dot de nos sociétés occidentales (ou de l'Inde), était versée par la famille de l'époux à celle de la fiancée, puisque sa famille allait la perdre.

Le travail rural des femmes, très dur, pouvait être allégé par la polygamie. Mais celle-ci était limitée, peu de paysans ayant les moyens de s'offrir une deuxième femme. Pendant la colonisation, les régions « riches » (en cacao ou en café) virent flamber les prix ; si la famille du jeune homme n'avait pas de quoi payer la dot, l'apport du futur mari se faisait en heures de travail, comme en pays igbo (au sud-est du Nigeria actuel), où il pouvait être réduit en quasi-servage par sa future belle-mère. Les hommes pouvaient aussi migrer en ville pour gagner chez les Blancs le salaire qui paierait la dot. Les dons en nature (selon les cas, bracelets ou plateaux de cuivre, vache, etc.) prirent alors une valeur marchande, ce que traduit bien l'évolution du vocabulaire anglais, du « *bridewealth* » au « *brideprice* ». En Afrique centrale notamment, la femme devint un bien que le mari pouvait aussi, par courtoisie, offrir à un hôte de passage — un frère de sang ou un allié lignager — pour l'honorer (on a dit dans le chapitre précédent que cette circulation des femmes ne fut pas sans incidence sur la propagation, exceptionnelle dans cette zone, des maladies vénériennes).

La grande polygamie des chefs était un instrument politique de domination : Mutesa, souverain ganda du XIXe siècle, aurait eu 300 ou 400 épouses. Le roi Njoya des Bamoum (Cameroun) en avait, au début du XXe siècle, 1 200, et laissa à sa mort, au début des années 1930, 163 enfants vivants (il en aurait eu 350 !). Au milieu du XXe siècle, le souverain des Kuba, au Congo belge, possédait encore 600 épouses. L'infériorité du genre féminin ne rendait pas pour autant les femmes solidaires entre elles. Les vieilles reproduisaient les rapports inégalitaires de séniorité, contrôlant *à leur place* et non *pour* elles, mais pour les hommes du lignage, le travail effectué par les plus jeunes et les servantes. La mère du mari, puis la ou les premières épouses exerçaient leur pouvoir sur les brus, sur les coépouses plus jeunes et, bien entendu, sur les femmes esclaves (dont certaines pouvaient être coépouses). Ces rapports inégalitaires se répétaient à tous les niveaux, depuis le noyau familial de base jusqu'à l'exploitation d'État.

Si les femmes de l'aristocratie n'avaient qu'à surveiller le travail d'une armada de serviteurs et d'esclaves, certains chefs saisirent l'opportunité des innovations coloniales pour mettre leurs nombreuses épouses, donc autant de houes, au travail dans les plantations de caféiers ou de cacaoyers. Dans la forêt comme en savane, au sein d'un État comme dans une structure politique éclatée, chez les agriculteurs comme chez les éleveurs, le travail des paysannes était organisé de façon similaire. Car il faut bien davantage parler de paysannes que de paysans. Les régions où le travail des champs était effectué par les hommes sont assez rares, surtout localisées en Afrique de l'Ouest. « Le pastoralisme est supérieur à l'agriculture comme l'homme est supérieur à la femme », dit un proverbe luo (Kenya). Chez les éleveurs, les jeunes garçons gardaient les vaches, mais ce sont les femmes qui mettaient les mains à la pâte : elles les trayaient et faisaient le beurre. L'usage masculin de la houe n'existait que dans la zone sahélienne : chez les Senoufo du Mali ou chez les Hausa, où les femmes n'avaient le droit de sortir qu'à la nuit tombée ou vivaient recluses — ce qui fut exceptionnel en Afrique subsaharienne, sauf sur la côte orientale swahilie. Chez les Fon du Bénin, le fait de travailler aux champs était mal vu pour une femme, même si cela n'était pas défendu. Les femmes étaient plutôt marchandes ou artisanes, potières ou teinturières (à l'indigo). Les hommes maniaient la hache pour l'abattage des arbres. En Afrique subsaharienne, la charrue fut un corollaire tardif de la « modernisation », et apparut quand le minimum de capital nécessaire fut monopolisé par les hommes. Aux femmes, il ne resta alors que leur savoir-faire millénaire.

5

L'Afrique au sud du Sahara dans l'histoire de la mondialisation

L'Afrique contribua autant que les autres continents à l'histoire du monde. Mais plutôt que d'envisager ses apports, il est d'usage de se concentrer sur ce qu'elle y aurait et y a effectivement perdu. Or, ni plus ni moins que les autres aires géographiques, l'Afrique se situe au cœur de la culture mondiale. C'est là, en effet, que l'humanité trouve ses origines ; c'est là qu'elle prit forme avant de se propager dans le reste du monde. On peut donc se demander pourquoi, alors que l'histoire proprement dite débute vers 4000 av. J.-C., les Africains se replièrent pendant des siècles sur leur continent, sauf quand ils en furent extraits par la force. Mais, finalement, peut-on vraiment parler de repli ? À sa façon, l'Afrique se retrouva non seulement à plusieurs reprises au centre des mondes connus, mais elle se révéla aussi être un ensemble susceptible de mettre en contact ces mondes qui venaient à elle. Que l'Afrique ait été, à différents moments de l'histoire et au même titre que les autres continents, au centre des systèmes internationaux, est rendu visible grâce à une astuce cartographique simple : si l'on place au centre d'une représentation du monde le continent dont on interroge la centralité, celle-ci ne peut que sauter aux yeux. Si l'on procède ainsi avec l'Afrique, il apparaît qu'elle se trouve à son tour au carrefour de trois mondes :

— le monde méditerranéo-afro-asiatique, celui qui fut sans doute le plus anciennement au contact du continent africain ;

— le monde de l'océan Indien, qui prit surtout son essor entre le Ve et le XVe siècle ;

— le monde atlantique, enfin, qui fit irruption sur le continent noir à la toute fin du XVe siècle.

Ces rencontres avec le reste du monde jouèrent toujours dans les deux sens, quels qu'aient été les « visiteurs » — Indiens, Arabes, Portugais, Européens et Américains. Ceux-ci en tirèrent profit et l'avenir de leurs pays respectifs en fut systématiquement modifié. Mais il en va de même pour l'Afrique : ces contacts successifs suscitèrent des hybridations culturelles et politiques de toute sorte. S'il est vrai que les décisions se prirent le plus souvent hors d'Afrique, cela ne signifie pas que les Africains ont subi passivement l'intervention extérieure. Au contraire, il s'est toujours trouvé des courants et des acteurs novateurs issus de ces rencontres : sultans de l'or, chefs négriers, entrepreneurs de commerce jouèrent un rôle actif, parfois déterminant, en Afrique comme au-dehors. Cela n'a rien de surprenant ; c'est même une règle de l'histoire. Ce sont des *événements*, au sens fort du terme, qui font bifurquer l'histoire et déterminent un futur différent. Il en va ainsi, par exemple, de l'histoire de France, marquée successivement par la conquête romaine, la concurrence entre pays d'oil et pays d'oc, les guerres contre l'Espagne puis contre la Grande-Bretagne, les conquêtes, puis les défaites napoléoniennes, les trois guerres contre l'Allemagne. Ce sont bien souvent des interventions extérieures qui orientent l'histoire d'un pays ou d'un continent.

Aussi est-il injuste de ne faire de l'Afrique qu'un épiphénomène historique par rapport à ce qui a pu se passer ailleurs. Même s'il est vrai que l'évolution technologique y démarra plus tardivement, et que les systèmes économiques globaux qui en résultèrent évincèrent l'apport africain, l'Afrique a bien une histoire interne qui lui est propre. C'est la vision eurocentrée qui fit de l'Afrique une « périphérie » ; or, pour les Africains, ce sont les autres parties du monde qui étaient situées à la périphérie de leur univers. Il nous faut donc, en somme, regarder par les deux bouts de la lorgnette.

L'or

Le rôle joué par l'or au Moyen Âge nous fournit un bon exemple pour y parvenir. En effet, sa qualité de métal précieux et rare a fait de l'or la principale source de prospérité financière, aussi bien en Europe que dans le monde de l'océan Indien. D'où venait-il, avant que ne soit découvert, à la fin du XVe siècle, l'or des Caraïbes puis, au XVIe siècle, l'argent du Pérou et du Mexique, et enfin, au XVIIIe siècle, l'or du Brésil ? Si les mines américaines firent la fortune de la péninsule Ibérique, dès lors promue principal fournisseur de métaux précieux de l'Europe dite « moderne » à la sortie du Moyen Âge, il provenait auparavant essentiellement, outre de quelques gisements lointains des montagnes de l'Oural, du Soudan occidental (aux sources du fleuve Sénégal), ainsi que de l'arrière-pays de ce que les Portugais devaient surnommer, pour cette raison, la côte de l'Or, devenue quelques siècles plus tard la colonie britannique de Gold Coast. Dans un article prémonitoire, et qui fit date, le médiéviste Maurice Lombard faisait état de l'importance de l'or ouest-africain dès le XIe siècle. Il le qualifia d'« or du Soudan », mais ne l'attribua qu'à l'islam : « Sans l'or musulman ne saurait se comprendre le second âge d'or de la civilisation byzantine [1]. » Cette erreur d'appréciation était due au fait que, comme le faisaient la plupart des historiens occidentaux, il décrivait un système d'échanges selon un point de vue eurocentré : « Le circuit de l'or est fermé : du monde musulman à l'Occident, de l'Occident à Byzance, de Byzance au monde musulman. » Il s'interrogeait donc peu sur le circuit méridional essentiel, transsaharien, de la *production* de l'or. On connaît pourtant bien, en histoire africaine, la grandeur successive des empires africains médiévaux (Ghana, Mali, Songhaï) qui établirent

---

[1] Maurice LOMBARD, « Les bases monétaires d'une suprématie économique : l'or musulman du VIIe au XIe siècle », *Annales*, vol. 2, n° 2, 1947, p. 158-159.

leur puissance sur ce commerce international. Al-Bakri, à la fin du XIe siècle, et Idrisi, au XIIe siècle, évoquèrent l'or du Ghana, dont le territoire est limitrophe de la zone de production, « renommée à cause de la quantité et de la qualité du métal produit [2] » ; Ibn Khaldûn conta le périple du sultan du Mali Kankan Moussa qui, au milieu du XIVe siècle, entreprit le pèlerinage à La Mecque, en compagnie de 12 000 esclaves « revêtus de tuniques de brocart et de soie du Yémen », et de nombreux chameaux portant « quatre-vingts charges de poudre d'or pesant chacune trois quintaux » [3]. Le sultan apporta tant d'or au Caire qu'il provoqua sur son passage une mémorable inflation. Les Africains avaient pour habitude d'échanger cet or contre une denrée nécessaire à leur survie biologique : le sel du désert. Cet échange était très ancien. Il fut pour la première fois rapporté par Hérodote dès le Ve siècle av. J.-C., qui le décrivit sous le nom de « troque muette », pratiquée par les Carthaginois « au-delà des colonnes d'Hercule » [4]. La grandeur du port de Leptis Magna ne peut pas non plus s'expliquer autrement : grande métropole punique puis romaine (à une centaine de kilomètres à l'est de Tripoli, qui joua plus tard le même rôle) et patrie de l'empereur Septime Sévère, elle fut le débouché privilégié des pistes centrales du Sahara traversant le pays des Garamantes, le Fezzan et/ou le Tassili N'ajjer. On ne peut s'empêcher de penser

---

2   IDRISI, *Description de l'Afrique et de l'Espagne*, Leyde, 1866, p. 7.
3   IBN KHALDÛN, *Histoire des Berbères*, tome II, Paris, 1925, p. 112-114.
4   HÉRODOTE, *Histoires*, Les Belles Lettres, IV, Paris, p. 183.

que son opulence exceptionnelle devait autant à l'or venu du sud qu'au commerce de l'huile d'olive et du blé sur lequel insistent les historiens de l'Antiquité — bien que ces dernières productions n'aient rien d'original comparées aux autres côtes méditerranéennes.

Le métal précieux d'Afrique était donc connu depuis les temps les plus anciens et son usage monétaire et économique se poursuivit intensément en Europe (notamment à Byzance) jusqu'à la découverte des mines américaines. Les Arabes de Méditerranée qui, pour leur part, préféraient la monnaie d'argent, servirent de truchement avec le monde occidental. Celui-ci avait grand besoin d'or pour ses propres échanges et pour monter des expéditions en direction de l'Asie orientale ; les caravanes traversaient ainsi le continent asiatique jusqu'en Inde et en Chine, où elles allaient chercher soieries, pierres précieuses et épices de toutes sortes. On peut donc arguer que c'est grâce à l'or du Soudan (plutôt qu'à celui de Byzance) que Marco Polo put établir au XIIIe siècle des contacts directs avec la Chine [5]. Pourquoi ce fait, pourtant fondamental, n'est-il quasiment jamais mentionné en Occident ?

La remarque vaut, en suivant le même type de raisonnement, pour l'or d'Afrique australe, dont l'exploitation par le royaume de Zimbabwe entre les XIe et XVe siècles (puis du Monomotapa, découvert par les Portugais

---

5   Il faut noter que l'or était privilégié par les Européens, tandis que la Chine recherchait prioritairement l'argent, qu'elle reçut ensuite massivement d'Amérique latine par leur intermédiaire.

quand ils parvinrent, un siècle plus tard, sur la côte orientale d'Afrique [6]), conditionna les échanges transocéaniques dans le monde de l'océan Indien. Ce n'est pas un hasard si l'on a retrouvé dans les fouilles de la cité fortifiée de Zimbabwe, pourtant située à plus de 300 kilomètres à l'intérieur des terres, des porcelaines de Chine. Le grand port de l'époque était Sofala, principal débouché de ces richesses vers l'océan Indien. Par ailleurs, bien qu'aucune fouille archéologique n'ait encore rien fourni de probant, pourquoi ne pas faire l'hypothèse que l'orpaillage ait été, comme au Soudan, antérieur au XIe siècle, et que le métal précieux soit remonté vers le nord jusqu'aux sources du Nil ? Les Égyptiens anciens étaient en effet de grands consommateurs d'or, qu'ils n'avaient pourtant pas à disposition chez eux. Les historiens situent généralement plus près de la Haute-Égypte le « pays de Pount », dont les Égyptiens vantaient la production ; or l'extension de la circulation du minerai à partir des sites majeurs de la production africaine n'est pas à exclure *a priori*.

Maurice Lombard fut le premier à comprendre que l'importance de l'économie monétaire du monde musulman tout entier provenait de ces deux sources d'or : la « frappe abondante de dinars [était] due à *l'afflux d'or neuf d'Afrique du Sud-Est et du Soudan* [7], [provoquant un] essor du crédit qui doubl[ait] la circulation des

---

6   W.G.L. RANDLES, *L'Empire du Monomotapa, du XVe au XIXe siècle*, Mouton, Paris/La Haye, 1975.
7   Souligné par moi.

espèces ». C'est l'or africain subsaharien qui fit prendre conscience dès le IX⁰ siècle à Ibn Khurdadhbeh que « le développement de la richesse et des transactions commerciales est si grand qu'on peut voir des pièces de numéraire circuler dans les plus petites bourgades, là où jusqu'alors le simple troc était seul pratiqué. Ainsi, à la zone de circulation monétaire agrandie correspond le pouvoir plus grand des villes sur les campagnes [8] ».

De façon analogue, si les Portugais s'établirent dès la fin du XV⁰ siècle sur les côtes du golfe du Bénin, ce ne fut pas d'abord pour le commerce des esclaves ; celui-ci ne servit dans un premier temps que de commerce d'appoint, sorte de monnaie d'échange pour le cabotage de port en port ou d'île en île qui permettait l'essentiel : la collecte de l'or, cette fois-ci non plus à travers les pistes transsahariennes, mais à partir des forts côtiers pourvoyeurs, notamment Saint-Georges-de-la-Mine (futur Elmina), au nom révélateur. C'est cet or africain qui, une fois encore, assura le financement et donc le démarrage, d'abord expérimenté à São Tomé, de l'économie de plantation du commerce atlantique. L'or des Caraïbes ne donna lieu qu'à une économie de prédation à court terme (l'Amérique latine attira d'abord par la richesse de ses mines d'argent, au Pérou et au Mexique) [9].

---

[8] Maurice LOMBARD, *L'Islam dans sa première grandeur*, Flammarion, Paris, 1971 (ouvrage posthume).

[9] *Cf.* Joseph MILLER, « Slavery and the Financing of the Atlantic World », Conference on *Debt and Slavery. The history of a process of enslavement*, McGill University, Montréal, p. 7-9, mai 2009, et conference à l'EHESS, Paris, 12 mai 2010.

On peut arguer que les Africains souffrirent alors de leur ignorance du marché mondial ; cette ignorance les incitait à croire que l'échange d'une barre de sel, et plus tard d'un mauvais fusil, contre un lingot d'or n'était pas un marché de dupe. Il n'empêche qu'en ces temps éloignés l'Afrique, tant occidentale qu'australe, était située au cœur de l'économie mondiale : sans l'or du Soudan occidental et du Zimbabwe, sans l'émergence interne de puissantes formations politiques qui en contrôlaient les processus d'échange, celle-ci ne se serait pas développée de la même façon. Le problème, c'est que les Africains eux-mêmes l'ignoraient. L'or africain médiéval joua en son temps un rôle analogue à celui découvert à la fin du XIXᵉ siècle à Johannesburg (1886) : ce dernier allait désormais approvisionner 80 % de la consommation occidentale de ce métal [10]. L'Afrique a donc fourni au reste du monde un instrument monétaire majeur : l'or.

La main-d'œuvre

Le deuxième exemple est celui de la traite des esclaves. Dressons à nouveau une carte du monde avec l'Afrique pour centre, qui indiquerait les flux d'esclaves entre le XVIIᵉ et le XIXᵉ siècle. Ce n'est en effet qu'au XVIIᵉ siècle, avec l'essor des plantations de canne à sucre au Brésil, que débuta massivement la dernière des traites,

---

10 En raison de la guerre froide, l'or sud-africain représentait alors 60 % de l'or mondial, mais 80 % de l'approvisionnement du monde occidental.

la traite atlantique des esclaves. Un fait majeur saute alors aux yeux : les esclaves africains, auparavant déjà utilisés sur place (comme dans toutes les sociétés anciennes), furent désormais drainés vers toutes les parties du monde : vers le monde méditerranéen (notamment, mais pas seulement, en passant par l'Égypte), vers l'océan Indien et le sultanat d'Oman et de Zanzibar, et, *last but not least*, vers l'océan Atlantique. Les dernières recherches démontrent que le continent lui-même ne fut pas épargné : le « mode de production esclavagiste » y connut au XIXe siècle une expansion encore jamais atteinte, et les réseaux de traites internes y furent aussi nombreux que les autres [11]. Bref, à l'époque moderne mercantiliste, celle des grandes plantations tropicales d'exportation mondiale (canne à sucre, clou de girofle, coton, sisal, etc.), la main-d'œuvre africaine noire réduite en esclavage se retrouva partout : aux Amériques, bien entendu, mais aussi en Arabie, en Inde et en Indonésie, et même sans doute en Chine. L'Afrique devint le pourvoyeur majeur de la main-d'œuvre de plantations, et elle le restera lors de la première révolution industrielle fondée sur l'industrie textile des cotonnades. Bref, l'Afrique a fourni le monde entier en main-d'œuvre. Elle se retrouva *de facto* au centre de ce que Marx considérait comme le fait majeur de

---

11 Claude MEILLASSOUX, *Anthropologie de l'esclavage, le ventre de fer et d'argent*, PUF, Paris, 1986 ; Catherine COQUERY-VIDROVITCH, *L'Afrique et les Africains au XIXe siècle. Mutations, révolutions, crises*, Armand Colin, Paris, 1999, p. 189-210.

l'expansion économique : la *force de travail*. L'Afrique a donc fourni au reste du monde un instrument productif majeur : le système de plantation esclavagiste.

Les matières premières

Le XIXᵉ siècle précolonial post-traite atlantique marque un troisième temps de l'apport africain à la mondialisation économique. La révolution industrielle anglaise réclamait en effet toujours plus de matières premières pour sa production : pas seulement le coton cultivé par les esclaves du sud des États-Unis pour l'industrie textile, mais aussi les oléagineux tropicaux nécessaires pour huiler les machines, éclairer les ateliers (avant l'invention de l'électricité à la fin du siècle), fabriquer le « savon de Marseille » dont on venait de découvrir la formule. L'huile de palme, ainsi que l'huile d'arachide (également produite en Inde), provenaient principalement d'Afrique de l'Ouest, l'huile de coco et la noix de coprah d'Afrique orientale. Le clou de girofle était exclusivement produit dans les îles de Zanzibar et de Pemba. Les bois de teinture tropicaux, essentiels pour l'industrie textile tant que l'industrie chimique n'y avait pas suppléé, étaient exploités depuis le XVIᵉ siècle par les Portugais de Luanda sur la côte du royaume du Kongo. À la fin du XIXᵉ siècle, le caoutchouc de la forêt équatoriale approvisionnait (comme celui du Brésil) l'industrie des pneus automobiles, et l'or d'Afrique du Sud remplaçait celui du Soudan occidental. Bref, le continent africain joua à nouveau, à ce stade, un rôle essentiel dans la production capitaliste occidentale. Les systèmes politiques et sociaux africains se transformèrent et s'adaptèrent une fois de plus à ces nouveaux marchés qui, d'une part, allaient intensifier la production, donc le travail esclavagiste interne, et, d'autre part, favoriser l'essor de nouveaux pouvoirs locaux ou régionaux — empires de conquête, chefs de guerre, leaders de djihad ou entrepreneurs de plantations, selon les cas. La configuration politique et sociale de l'Afrique de la seconde moitié du XIXe siècle, bien avant l'achèvement de la conquête coloniale, n'avait plus grand-chose de commun avec celle du siècle précédent. L'Afrique fut donc aussi un fournisseur majeur de matières premières indispensables à l'industrie européenne.

Il faut, enfin, mentionner le rôle politique international joué par l'Afrique, dont témoigna la conférence internationale de Berlin en 1884-1885. Pour la première fois, l'ensemble des puissances européennes, Empire ottoman inclus, se réunirent, non plus pour solder une guerre (comme lors du congrès de Vienne en 1815 à la fin de l'épopée napoléonienne), mais pour parer à son éventualité. Or, s'il n'y fut question que de l'Afrique, cette conférence préfigurait en quelque sorte l'Europe à venir : il s'agissait en effet de fixer entre Européens les règles du jeu permettant de finaliser la colonisation du continent.

Presque intégralement achevée en 1900, cette colonisation eut pour effet, lors d'une période relativement brève, de retirer l'Afrique du champ des concurrences mondiales. « Mise en réserve » et utilisée comme telle par les différentes métropoles, surtout pendant la Grande

Dépression des années 1930, l'Afrique disparut momentanément du jeu global. Mais on verra dans le dernier chapitre que, dès la Seconde Guerre mondiale, dont elle fut un terrain stratégique essentiel, elle reprit une place de choix dans le système mondial.

Ainsi, à leur façon, et depuis les tout premiers balbutiements de l'histoire, les Africains se sont pratiquement toujours retrouvés au centre des grands mouvements de mondialisation. Cela signifie que, comme les autres peuples, ils furent nécessaires à la globalisation. L'Afrique joua un rôle essentiel de centre de production (de matières premières), et de réserve de main-d'œuvre (hier d'esclaves, aujourd'hui de travailleurs migrants). En revanche, le continent dans son ensemble n'est encore guère industrialisé, ni n'est devenu un marché de consommation valorisé. Voilà ce qui permet aux autres d'en faire la « périphérie » de leur monde. C'est indéniable si l'on raisonne en termes de PIB ; c'est faux pour d'innombrables raisons : économiques, mais aussi stratégiques, démographiques, culturelles et humaines.

6

*Les grandes étapes
de l'histoire africaine
jusqu'au XVIᵉ siècle*

*L'Afrique au sud du Sahara,
de l'Égypte ancienne à l'or médiéval*

L'histoire de l'Afrique commence avec l'Égypte ancienne. Ce fut le coup de génie du Sénégalais Cheikh Anta Diop que de reprendre une thèse oubliée (déjà proposée à la fin du XIXᵉ siècle) en rappelant en 1954 ce que l'égyptologie « blanche » élaborée depuis le XVIIIᵉ siècle s'était bien gardée de retenir : l'Égypte est en Afrique. Certes, ce physicien de formation n'était pas historien, mais ses intuitions relevaient du sens commun. C'est en Haute-Égypte, territoire proche de la Nubie des Éthiopiens anciens (qui étaient des Africains noirs), que prit forme une splendide civilisation, dont les racines plongeaient au sud autant qu'au nord. Ce fut l'un des creusets du monde, où des peuples venus de tous les alentours contribuèrent à engendrer la civilisation que nous connaissons. Ces gens (y compris certains pharaons) avaient des teints de peau très variés, en un temps où le racisme de couleur ne prévalait guère sur le racisme de culture ; on était civilisé ou barbare, et les allusions à la couleur de peau étaient rares dans le monde antique méditerranéen et oriental, sans doute précisément grâce à cette variété. La plupart des habitants, compte tenu des métissages et du climat, étaient plutôt basanés — certains plus noirs, d'autres plus clairs — et de morphologie variée, comme en témoignent les profils des fresques tombales... L'idée d'une Égypte africaine, qui était tout sauf scandaleuse, apparut néanmoins comme telle, dans les années 1950, aux égyptologues occidentaux. Le commun des mortels n'était pas encore débarrassé de l'héritage du « racisme scientifique », codifié au XIXe siècle, selon lequel les Noirs étaient inférieurs aux Blancs, sur le plan de l'intelligence comme sur celui de la civilisation. L'idée fit alors scandale en Occident, elle fut en revanche essentielle en Afrique subsaharienne, rendant leur dignité à des peuples dont on déniait l'historicité sous le prétexte qu'ils avaient vécu sans écriture.

L'héritage égyptien se diffusa vers le sud au début de notre ère, dans ce qu'on a appelé la Nubie ancienne : en attestent les impressionnants vestiges de villes telles que Méroé ou Axoum, où l'on a retrouvé aussi bien des restes de pyramides (d'influence égyptienne) que des traces de l'industrie du fer (qui n'existait pas encore en Égypte). Le lien est donc évident entre la destruction de l'Égypte pharaonique par les Romains (la dernière pharaonne, Cléopâtre, se suicida après la défaite d'Antoine, son amant, vaincu par Octave, le futur empereur Auguste) et la descente vers le sud de certains de ses héritiers.

La phase suivante demeure assez obscure. La région de la Corne de l'Afrique eut à subir des invasions perses à partir du Vᵉ siècle de notre ère. Elle ne connut ensuite un renouveau qu'avec l'arrivée de l'islam et l'émergence d'une culture métisse dite « swahilie ». Dans l'Afrique du Nord antique, la Libye était partagée entre, à l'est, la Cyrénaïque, sous influence égyptienne et grecque, et dont la superbe capitale donna son nom à la province (Cyrène), et, à l'ouest, la Tripolitaine, héritée de Carthage et sous influence romaine : à l'est de Tripoli, la zone de Leptis Magna, jusqu'alors si brillante, tomba dans le marasme à partir du Vᵉ siècle de notre ère à la suite de l'invasion des Vandales puis, dès la fin du VIIᵉ siècle, après le passage apparemment destructeur des premiers Arabes conquérants qui visaient l'ouest. Elle ne devait retrouver son lustre qu'avec l'émergence de l'Empire ottoman (au XVᵉ siècle). En revanche, l'essor musulman fut plus précoce au Maghreb où s'épanouirent, entre le Xᵉ et le XIIᵉ siècle, les grandes dynasties almoravide puis almohade à partir du monde berbère marocain.

La conquête par les Arabes de l'ensemble de l'Afrique du Nord, depuis la Basse-Égypte jusqu'à l'extrémité occidentale du « Maghreb » (terres du couchant), allait provoquer pendant plusieurs siècles une désorganisation des relations entre le nord et le sud du désert. À l'ouest, l'assèchement progressif du Sahara avait rompu les relations jusqu'à ce que fût introduit, vers le IIIᵉ siècle de notre ère, le chameau (en fait un dromadaire à une bosse). Celui-ci, capable de résister au manque d'eau pendant une dizaine de jours de marche d'oasis en oasis, fut un élément essentiel de la reprise du contact. À l'est, le désert se combinait au massif montagneux éthiopien qui servit de zone refuge aux peuples hostiles à la conquête arabe : juifs falachas et chrétiens coptes des origines, mais aussi peuples animistes rétifs à l'islam. Bref, il y eut, *de facto*, captation par le monde méditerranéen d'une grande partie d'un héritage égyptien jadis commun.

Mais il ne faut pas exagérer cette coupure ; dès la fin du VIIIe siècle, les musulmans d'Afrique du Nord avaient rétabli le contact en atteignant les rives du fleuve Niger. Les régions les plus rapidement touchées par l'islam furent celles où les cités étaient des lieux de rencontre avec les commerçants musulmans venus du Maghreb. On trouve dans un texte de 990 la mention suivante : « Le roi du pays Kawkaw se déclare musulman devant ses sujets ; beaucoup d'entre eux se déclarent également musulmans. » Au début du XIe siècle, le chef de Koukya se convertit à son tour à l'islam en déplaçant sa capitale de Koukya à Gao, sur le fleuve Niger. Avant sa mort en 1040, le roi du Tekrour, qui subissait l'hégémonie du Ghana voisin encore animiste (royaume qu'il ne faut pas confondre avec l'État actuel du Ghana, qui a repris ce nom glorieux de l'histoire ouest-africaine), épousa également la religion musulmane. Quant au Ghana, il dominait depuis un ou deux siècles la région du haut fleuve Sénégal, probablement jusqu'à la vallée du Niger. Ibn Hawkal le décrivit comme « le pays le plus riche du monde à cause de son or ». L'influence musulmane s'y était déjà fait sentir : Al-Bakri insiste sur le niveau culturel de certains musulmans entourant le roi, parmi lesquels « des jurisconsultes et des érudits » qu'il jugeait précieux pour le règlement des affaires du pays. Il les utilisa comme interprètes, voire comme trésoriers ou ministres. En fin de compte, le Ghana ne put résister à l'offensive des Berbères, auxquels se joignirent des Noirs du Tekrour déjà islamisés. En 1076, la capitale Koumbi Saleh fut prise et saccagée par les Almoravides et le roi se convertit à son tour. Même si, par la suite, profitant des disputes nées autour de l'héritage de son roi, tué en 1097, le Ghana se libéra, il demeura, en tout cas au niveau de ses classes dirigeantes, une terre d'islam. Les populations rurales, elles, restèrent dans leur grande majorité animistes au moins jusqu'au XVIIe, sinon jusqu'au XIXe siècle.

Tombouctou, située au sommet de la boucle du Niger et la seule grande ville méridionale accessible depuis le nord par chameau, était un point de passage incontournable qui permettait le transbordement des marchandises, et notamment des barres de sel, depuis les caravanes jusqu'aux grandes pirogues du fleuve. Celles-ci assuraient ensuite la liaison nord-sud entre Tombouctou et Djenné, ville construite par les Arabes à partir du XIIe siècle à quelques kilomètres de la cité autochtone de Djenné-Djéno, plus ancienne de près d'un siècle [1]. De là, après un nouveau transbordement, le réseau des marchands islamisés, dits « *dioula* », diffusait

---

1 L'ancienneté de Djenné-Djéno, qui se développa sur le fleuve de 250 av. J.-C. environ au IXe siècle de notre ère, fut révélée en 1980 grâce aux fouilles de deux archéologues américains, les McIntosch.

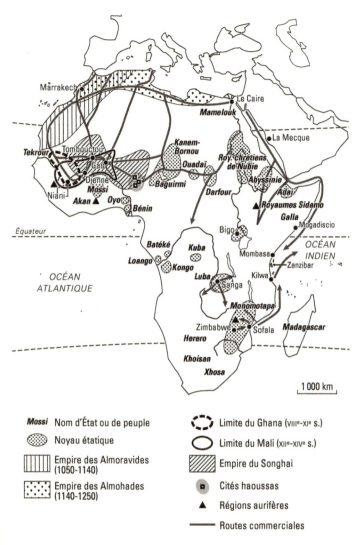

Source : C. Coquery-Vidrovitch, *Afrique noire, permanences et ruptures*, L'Harmattan, 1983.

L'Afrique politique X^e-XVIe siècle

le sel en provenance du désert (tout comme il diffusa le modèle de la mosquée de Djenné au style dit « soudanais ») dans tout l'Ouest africain. Le contrôle de ce commerce nord-sud était entre les mains des souverains du sahel. C'est pourquoi l'islam de cour allait dominer au sein des royaumes du Soudan occidental qui se succédèrent dans la zone sahélienne jusqu'au XVIIIe siècle, en se propageant progressivement vers l'est : Ghana aux XIe et XIIe siècles, Mali aux XIIIe et XIVe siècle, Songhaï de Gao aux XVe et XVIe siècles, cités haoussas ensuite (au nord du Nigeria actuel), jusqu'à leur conquête lors du djihad mené par Ousmane dan Fodio à l'aube du XIXe siècle. Les cités du sahel furent d'importants foyers de savoir musulman, ce qui les rendit célèbres ; ainsi, Tombouctou fit rêver les Européens jusqu'à ce que le Français René Caillié y mît les pieds le premier, en 1828 seulement.

La conversion ancienne des élites soudaniennes à l'islam impliquait d'elles qu'elles remplissent une des obligations de tout musulman : effectuer au moins une fois dans sa vie le pèlerinage à La Mecque. Plusieurs mois, voire plusieurs années, étaient alors nécessaires aux caravaniers pour traverser le désert et accomplir leur devoir pieux. La piste privilégiée passait par le lac Tchad et, de là, ralliait Le Caire. Il ne restait plus ensuite qu'à traverser la mer Rouge et affronter le désert arabique... On ignore combien d'Africains originaires de l'Ouest se lancèrent dans cette expédition longue, difficile et dangereuse ; mais on connaît, par les voyageurs arabes, les récits des plus célèbres d'entre eux, si célèbres à l'époque

que l'un de ces récits au moins (et ce n'était pas le premier) parvint grâce au bouche à oreille à un cartographe majorquin (*Atlas catalan* de Charles V, 1375) : le pèlerinage de Kankan Moussa, souverain du Mali, en 1346. Il y eut aussi celui, non moins fameux, de l'Askya Mohamed du Songhaï un siècle et demi plus tard (1495-1496). Ces souverains étaient partis avec une escorte de plusieurs milliers de suivants et d'esclaves. Mais combien d'inconnus ont pris le même chemin au fil des siècles ? On connaît fort peu de choses là-dessus. On sait que El-Hadj Omar, grand conquérant du XIXe siècle issu du Fouta-Toro sur le fleuve Sénégal, fut aussi un érudit qui passa plusieurs années au Proche-Orient et séjourna à Jérusalem (1828-1830), d'où il fit trois fois le pèlerinage à La Mecque. Une enquête orale réalisée en 1965 a recueilli le témoignage d'un vieil homme qui avait fait le pèlerinage trois fois : la première à pied avant la Première Guerre mondiale, la deuxième — la plus dangereuse, car des brigands, nombreux et agressifs, le capturèrent à plusieurs reprises — en camion entre les deux guerres, et la dernière fois en avion, voyage offert par ses enfants dans les années 1950.

La diffusion culturelle entre l'Égypte et l'Afrique subsaharienne fut donc bien plus importante qu'on l'a longtemps cru. On discute aujourd'hui des influences réciproques qui ont pu en découler : ainsi, par exemple, l'idée fut émise que la langue wolof (parlée au Sénégal) aurait des origines hiéroglyphiques ; on a aussi remarqué des similitudes entre les coiffures tressées féminines d'un bout à l'autre des pistes du pèlerinage. Par ailleurs, certaines structures politiques rurales font probablement partie de cet héritage.

Du commerce de l'or aux grandes traites esclavagistes : XIIe-XVIIIe siècle

L'histoire de cette période est inégalement connue. Les sources archéologiques n'en ont pas encore révélé toute la richesse, et les textes écrits ne la décrivent que partiellement : les sources en arabe ne concernent en effet que les zones touchées par l'islam, c'est-à-dire l'ensemble de l'espace sahélien et la côte orientale d'Afrique, jusqu'à l'îlot de Mozambique (au nord du futur État du même nom), ainsi que la grande île de Madagascar. Pour le reste de l'Afrique occidentale et centrale, les écrits de langues portugaise et néerlandaise sont les plus utiles ; Portugais et Hollandais dominèrent en effet la circumnavigation du continent à partir de la seconde moitié du XVe siècle. Les contacts s'établirent avec l'Éthiopie dès 1495, à partir de l'Abyssinie ; puis les jésuites portugais s'y implantèrent en 1557, et y rédigèrent leurs observations jusqu'à leur expulsion deux siècles plus tard (1633).

Ce que l'on sait néanmoins est essentiel : l'Afrique était devenue très tôt, avant même cette époque, partie prenante du monde, dont elle resta pendant des siècles le principal fournisseur en or. La grandeur des empires soudanais est assez bien connue grâce aux récits des voyageurs et marchands arabes qui ont surtout parcouru le pays entre le Xe et le XVIe siècle. L'une des dernières sources d'importance en langue arabe est la *Description de l'Afrique* de Hassan al-Wazzan, dit Léon l'Africain (*c.* 1488-*c.* 1548). Celui-ci fut victime de la « course » méditerranéenne et réduit en esclavage par les chrétiens ; fin lettré, il demeura ensuite assez longtemps à la cour du pape, où il rédigea l'histoire de ses voyages avant son retour au pays, dont on ne sait rien. À partir du XVIe siècle, l'islam et la langue arabe s'étaient suffisamment répandus pour que les Africains, à leur tour, fixent par écrit l'histoire locale, jusqu'alors transmise oralement. Ces chroniques sont autant de sources précieuses. Certaines sont bien connues et ont été traduites dès le début du XXe siècle : les *tarihks*, qui racontent l'histoire des royaumes soudanais ; ou bien les chroniques des villes jalonnant les côtes de l'océan Indien (« Chronique de Kilwa » par exemple). Depuis quelques années, les recherches se sont intensifiées pour repérer et analyser les trésors archivistiques conservés localement dans les grandes familles de lettrés, notamment (mais pas seulement) à Tombouctou et à Kayes (Mali), à Agadès et à Zinder (Niger).

Les seules sources la concernant étant de nature archéologique, on connaît moins l'histoire de Zimbabwe, cité importante qui donna son nom à l'État moderne. On sait tout de même qu'entre le XIe et le milieu du XVe siècle, c'est-à-dire avant l'arrivée des Portugais, ses habitants érigèrent d'impressionnants monuments de pierre. Il en demeure aujourd'hui, au centre d'un bassin vallonné, l'enceinte haute de 9 mètres de ce qui fut sans doute le palais royal, et, en hauteur, les ruines majestueuses d'un probable sanctuaire qui resta peut-être partiellement occupé jusqu'au XIXe siècle. Mais, dès les années 1450, le gros de la population migra quelque 300 kilomètres plus au nord, sans doute pour des raisons écologiques : la croissance démographique de cette importante structure politique, dont la subsistance reposait essentiellement sur un élevage semi-transhumant, avait probablement fini par stériliser les sols fragiles. Les habitants finirent donc par s'installer à Mutapa (appelée Monomotapa par les Portugais, qui eurent avec ce royaume de l'intérieur riche en or quelques contacts difficiles). Zimbabwe avait dû sa splendeur, comme les royaumes soudanais, à son contrôle sur le commerce de l'or. On a retrouvé sur le site des traces abondantes de ses relations marchandes avec l'océan Indien, et notamment de la porcelaine chinoise, sans que jamais, sans doute, Chinois et Zimbabwéens se soient réellement rencontrés. Quant au trésor en or, il fut pillé au XIXe siècle par les troupes de l'ambitieux Cecil Rhodes (qui donna son nom à la colonie britannique qu'il contribua à conquérir). Il n'en reste rien.

Sur la côte de l'océan Indien, le commerce maritime commença il y a fort longtemps et n'a jamais cessé depuis. De relais en relais, le cabotage côtier s'étendait probablement de l'Inde et de la Chine jusqu'au sud de la côte africaine, en passant par l'Arabie, la Corne de l'Afrique et les îles de Zanzibar et de Mozambique. Ce trafic précéda l'islam, puisque les Romains, à partir de la Haute-Égypte, avaient créé des escales, ou « *emporia* », jusque sur la côte kényane. Mais l'expansion arabe accrut les échanges. Les marins persans, indiens ou arabes s'installèrent dans les ports de la côte, où ils fondèrent des familles. C'est ainsi qu'émergea dès le XIIe siècle une langue de communication qui allait devenir le swahili, et dont les premières traces écrites, en caractères arabes, remontent au XVIe siècle. En même temps que la langue se développa une culture spécifique. Celle-ci, dès l'origine éminemment urbaine, puisque fondée sur l'activité portuaire des escales de commerce, allait s'épanouir au XVIIIe siècle.

Entre le XVIe et le XVIIIe siècle, de solides formations politiques se développèrent également au cœur de l'Afrique centrale (dans l'actuel République démocratique du Congo). Ces empires, appelés Luba et Lunda, et situés aux confins de l'Angola et du Kasaï, ne furent connus des premiers voyageurs portugais qu'au moment de leur déclin. Ils leur firent cependant parfois grande impression, ainsi qu'en témoigne le récit de la première visite de la capitale du Kazembe en 1796. En ce qui concerne l'émergence et la force de ces empires, on en est réduit à des conjectures. Leur essor est dû à la conjonction de deux facteurs : d'une part, l'adoption assez précoce du maïs, qui permit une nette progression démographique, facteur favorable à l'organisation politique ; les souverains disposèrent ainsi de plus en plus de dépendants et de main-d'œuvre pour les plantations, les caravanes et leur armée ; d'autre part, l'exploitation du cuivre, qui joua dans ces régions le rôle de monnaie (sous forme de barrettes ou de bracelets) et dut favoriser le commerce sous toutes ses formes, traite des esclaves incluse. Mais cette dernière allait, comme ailleurs, provoquer leur déclin, au moment où le trafic négrier international (notamment la traite atlantique entre Kongo, Portugal et Brésil) prit définitivement le pas sur toutes les autres formes d'activité. On sait en tout cas qu'au XIXe siècle le brigandage s'était intensifié dans toute la zone, laquelle était ravagée par les razzias des royaumes négriers alentour (comme celui de Msiri, au Katanga).

Des pans entiers de ce passé ont été partiellement et parfois totalement enfouis à cause des destructions ultérieures liées à l'ampleur croissante des traites esclavagistes internes et externes. C'est ce qu'indique le titre donné à la seconde édition de l'ouvrage précurseur du grand historien britannique Basil Davidson, *Lost Cities of Africa* (« Les villes d'Afrique oubliées », 1965), initialement intitulé *Old Africa rediscovered* (« L'Afrique ancienne redécouverte »), et traduit en français en 1962 sous le titre *L'Afrique avant les Blancs*.

7

L'esclavage africain [1]

Il faut distinguer le *statut* des esclaves (le fait d'être esclave) de leur *commerce* (dit « traite négrière »). L'*esclavage* est une forme radicale d'exploitation de la force humaine de travail qui fut pratiquée dans la plupart des sociétés préindustrielles, en Afrique comme ailleurs. Les *traites* africaines se développèrent dans trois directions : vers l'océan Indien et le monde asiatique, vers la Méditerranée à travers le Sahara, vers les Amériques *via* l'océan Atlantique.

Cette dernière, la traite dite « atlantique », ne fut prohibée qu'au début du XIXᵉ siècle, d'abord par les Danois, puissance maritime en déclin, dès 1802. Mais c'est surtout son interdiction par les Britanniques en 1807, puis par l'ensemble des puissances européennes à la suite du congrès de Vienne, en 1815, qui fut significative. Or la

---

1   Ce propos reprend ou résume certains textes que j'ai déjà produits sur la question, à l'oral ou à l'écrit.

traite de contrebande se poursuivit jusqu'à l'abolition de l'esclavage (qui fut appelée l'« émancipation »). Celle-ci fut votée en 1833 (et appliquée de façon progressive entre 1834 et 1838 selon les colonies) par la Grande-Bretagne, en 1848 par la France, en 1865 par les États-Unis (à l'issue de la guerre de Sécession), en 1886 par les Espagnols à Cuba, en 1888 par le Brésil [2]. La traite atlantique ne disparut que lorsque les marchés d'esclaves furent supprimés.

L'esclave (au sens strict du terme) était considéré comme un objet, une marchandise (pouvant être achetée et vendue). Il était en outre délocalisé, déraciné, loin de ses attaches familiales et sociales, arraché à son milieu d'origine. En revanche, le travailleur, même malmené et forcé à travailler (les « engagés », substitués aux esclaves, ou le « travail forcé » de la colonisation), n'était pas un esclave. On raisonne souvent par analogie en utilisant la formule « travailler comme un esclave ». Or on fait dans ce cas allusion à l'exploitation du travail de la personne, et non à celle de la personne elle-même, niée en tant qu'être humain libre, phénomène que l'on redécouvre dans certaines parties du monde de façon inquiétante.

L'esclavage existe depuis des temps très anciens. Il est attesté en Europe jusqu'à la fin du Moyen Âge au moins ; il a théoriquement disparu partout ailleurs au début du XXᵉ siècle, bien que l'on signale encore des cas répertoriés

---

[2] On notera la concordance avec l'émancipation des esclaves (ou Roms) en 1859 en Roumanie, où l'esclavage existait depuis le XIVᵉ siècle. *Roms* était un terme générique pour désigner les esclaves de la couronne, de l'Église ou des boyards (seigneurs).

çà et là. Par exemple, l'État de Mauritanie, pour la troisième ou quatrième fois, a édicté récemment une loi interdisant l'esclavage, démonstration *a posteriori* qu'il reste localement pratiqué.

Dans l'Antiquité, l'esclave, qui était un élément majeur de la vie productive, n'était pas défini par sa couleur. Chez les Grecs, tout « barbare » — c'est-à-dire tout individu non grec, donc « non civilisé » — pouvait être réduit en esclavage. Les Grecs réduisirent d'autres grecs en esclavage, les Romains eurent des esclaves grecs, mais plus souvent venus des confins de l'empire, surtout de Germanie, de Thrace, du Proche-Orient ou des steppes nordiques lointaines. À cette époque, la plupart des esclaves étaient des Blancs issus du nord de l'Europe. Au Ve siècle av. J.-C., Aristote, inspiré par Platon qui, avant lui, avait fait des barbares les ennemis naturels des Grecs, fut le premier à préférer des non-Grecs comme esclaves, « car que certains aient à gouverner et d'autres à être gouvernés n'est pas seulement nécessaire, mais juste ; de naissance, certains sont destinés à la sujétion, d'autres non ». Un barbare était par nature un esclave, car il était supposé moins apte que les autres à l'exercice de la liberté ; ainsi, par exemple, Aristote pensait que les habitants du nord de l'Europe manquaient d'habileté et d'intelligence, et que ceux d'Asie manquaient d'esprit [3].

De même, chez les Arabo-musulmans, tout païen, c'est-à-dire tout non-musulman (l'équivalent du barbare

---

3   *Politique*, livre I, chapitres 2, 4 et 6.

chez les Grecs), pouvait être asservi ; c'est la solution inverse qui fut adoptée en Occident, puisque le Code noir édicté par Louis XIV (en 1685) stipulait au contraire que tous les esclaves devaient être « baptisés et instruits dans la religion catholique ».

La Bible comme le Coran n'ont rien contre les Noirs ; le racisme de couleur apparut assez tard dans l'histoire. L'idée fut introduite par un exégète grec (chrétien) du IIIe siècle apr. J.-C., puis reprise par un érudit arabe du IXe siècle. Cette fiction se diffusa dans le monde chrétien sous le nom de « mythe de Cham », interprétation libre d'un récit biblique sur l'ivresse de Noé et sur la fureur dans laquelle il entra lorsqu'il apprit que son dernier fils s'était irrespectueusement moqué de lui à cette occasion. Noé maudit alors son fils Cham et sa descendance : « Maudit soit Canaan [fils de Cham] ! Qu'il soit pour ses frères le dernier des esclaves ! » La Bible s'arrête là. Il n'en fut pas de même pour ses commentateurs : le maudit engendra les Noirs. Au texte sacré s'ajoutèrent une série de contes, dont celui de Chus, un autre fils de Cham. Ce dernier aurait à nouveau désobéi à Noé, qui avait interdit à sa descendance d'avoir des rapports sexuels dans l'Arche. Or Cham conçut un enfant pendant le déluge : Chus. Dieu le maudit et le fit naître noir. De lui naquirent les Éthiopiens et tous les Noirs africains. L'histoire fut transcrite en Europe au XVIe siècle et propagée par des auteurs du XVIIIe [4]. Mais c'est surtout au début du

---

4 Guillaume POSTEL, 1561, repris par P. TOURNEMINE, *Remarques sur le mémoire touchant l'origine des nègres et des Américains*, 1734, cités par

XIXᵉ siècle que cette fiction pénétra dans le monde catholique et que son interprétation fut dès lors attribuée à la Bible [5]. Cette référence figurait encore au début des années 1970 dans le petit dictionnaire Larousse mis à la disposition des écoliers.

La traite des Noirs proprement dite

Le déclenchement de la traite des Noirs remonterait au *baqt*, traité conclu par le conquérant arabe Abdfallah ben Sayd avec les Nubiens en 652. Ben Sayd leur aurait ainsi imposé un tribut de 360 esclaves par an [6]. À partir du Xᵉ ou du XIᵉ siècle, à la grande époque des empires africains musulmans dits « soudanais », des millions de Noirs furent déportés vers le monde méditerranéen et l'océan Indien. Les musulmans ne considéraient pas seulement les Noirs comme des païens, mais aussi comme une race inférieure, si bien que le mot arabe pour désigner l'esclave, *abid*, devint plus ou moins synonyme de Noir (*Zenj* était un terme plus vague pour désigner les « sauvages »). La littérature arabe méditerranéenne du VIIIᵉ et du IXᵉ siècle associait la peau noire à des caractéristiques négatives : la mauvaise odeur, une

---

Louis SALA-MOLINS, *Le Code noir, ou le calvaire de Canaan*, PUF, Paris, 1987, p. 30, note 1.

5 *Cf.* Pierre CHARLES, « Les Noirs, fils de Cham le maudit », *Nouvelle Revue théologique*, 1928, t. LV, p. 721-739, et « Les antécédents de l'idéologie raciste », *ibid.*, 1939, t. LXVI, p. 131-156.

6 François RENAULT, *La Traite des Noirs au Proche-Orient médiéval, VIIᵉ-XIVᵉ siècle*, Geuthner, Paris, 1989, p. 11-29.

Les traites négrières internes et externes au XVIIIe siècle

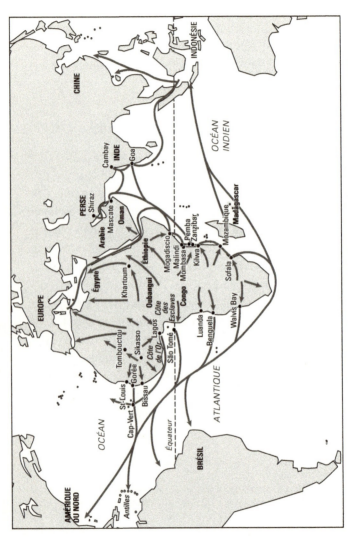

Source : C. Coquery-Vidrovitch, *L'Afrique et les Africains au XIXe siècle. Mutations, révolutions, crises*, Armand Colin, 1999.

physionomie répulsive, une sexualité débridée, des aspects de sauvagerie ou de débilité. Les esclaves noirs étaient utilisés pour le travail de la terre ou de la mine, comme soldats, eunuques ou *ghilman* (pages). Les femmes, plus nombreuses, servaient de concubines ou de servantes. Un texte du XIe siècle distinguait les Nubiennes, alliant « grâce, aisance et délicatesse », les Éthiopiennes, gracieuses mais fragiles, les Zenj, laides et acariâtres, et les Zaghawa, qui sont encore pires [7]. La politique fut relativement assimilationniste et, même si les esclaves masculins se faisaient généralement émasculer, les métissages, au travers du concubinage et des harems, étaient assez fréquents. Leur descendance finit pas se fondre dans la population, au point que les mélanges de peuples, devenus parfois peu visibles, furent relativement négligés dans l'histoire jusqu'à une époque récente.

Ibn Khaldûn exceptait de son mépris les souverains du Soudan occidental mais n'était pas tendre avec leurs voisins : « Au sud du Nil se trouve un peuple noir appelé les Lamlam. Ils sont païens […]. Ils constituent la masse ordinaire des esclaves [vendus] à des marchands qui les transportent vers le Maghreb. Au-delà vers le sud, il n'y a pas de civilisation à proprement parler. Certains êtres y sont plus proches d'animaux muets que d'humains doués de raison […]. On ne peut les considérer comme des êtres

---

7   IBN BUTLAN, traduit *in* Bernard LEWIS, *Race et couleur en pays d'islam*, Payot, Paris, 1982, p. 140-147.

humains [8]. » L'image transmise par les Arabes était donc nuancée par le statut social. L'*Atlas catalan* de 1375, offert par l'infant Juan d'Aragon au roi de France Charles VI, résumait les connaissances cartographiques de l'époque. Il proposait une carte d'Afrique sur laquelle figurait une série de types humains accompagnés de notices. Parmi ceux-ci, un Touareg voilé conduisait un chameau dans le Sahara occidental, un Pygmée nu chevauchait une girafe, et un roi noir, glorieux, était censé incarner la puissance de l'or du kankan « Musa Mali », bien connu des voyageurs arabes. C'est l'autre roi noir de l'*Atlas*, situé dans une île mythique au-delà de l'Inde, qui symbolisait l'inconnu et régnait sur « un peuple différent de tous les autres [...] ils sont noirs et dépourvus de raison. Ils mangent les étrangers chaque fois qu'ils le peuvent ».

C'est à partir du XVIᵉ siècle que la traite atlantique fut engagée par les Portugais. Elle se développa sous deux formes. Dans l'Atlantique nord, le commerce dit « triangulaire », pratiqué au cours des siècles suivants par les Britanniques et les Français, rentabilisait au maximum les trajets de la flotte maritime. Il consistait à faire partir d'Europe des navires chargés de pacotille manufacturée, de tissus, d'armes et d'alcool vers les côtes africaines, où ces marchandises étaient échangées contre des esclaves. Ceux-ci étaient à leur tour déportés vers les Antilles et les Amériques, où ils étaient vendus. Les navires revenaient

---

8   IBN KHALDÛN, *Al-Muqaddima, Discours sur l'Histoire universelle*, vol. 1, UNESCO, Beyrouth, 1967-1968, p. 118-119. Rééd. Actes Sud, Arles, 1997.

ensuite en Europe chargés de la mélasse produite à partir de la canne à sucre et destinée à être transformée en sucre et en alcool dans les distilleries européennes.

Presque la moitié des esclaves furent acheminés directement par les Portugais depuis les côtes angolaises et mozambicaines jusqu'au Brésil, et ce du début du XVIe jusqu'au milieu du XIXe siècle. Le Portugal bénéficia en effet, après 1815, d'une tolérance de la part des Britanniques, qui assuraient la police des mers ; la traite dite « en droiture » demeura autorisée au sud de l'équateur jusqu'aux années 1840. Le Brésil ne l'interdit qu'en 1850. Cela permit au trafic entre l'Angola, le Mozambique et le Brésil de se poursuivre.

Le commerce atlantique se greffa et se déploya sur l'héritage de nombreux réseaux de traite antérieurs qui traversaient le Sahara et se poursuivaient du centre du continent jusqu'aux côtes asiatiques. Au XIXe siècle, en tout cas, il apparaît clairement que les différents réseaux d'esclavage existant sur le continent africain ne procédaient plus en circuit fermé. On connaît (entre autres) l'histoire d'une esclave qui, au long d'une vie accidentée, se retrouva un moment captive dans une caravane qui l'entraînait vers l'océan Atlantique ; échappée par miracle, elle était à nouveau, quelques années plus tard, déportée vers l'océan Indien pour y être vendue. On mesure ainsi l'incroyable extension du trafic d'esclaves à partir du continent africain tout entier [9].

---

9   L'historienne américaine Marcia Wright a exploité des sources missionnaires protestantes de la seconde moitié du XIXe siècle, aux confins de la

Les plantations esclavagistes

La canne à sucre arriva en Afrique par la Méditerranée orientale. La première révolte d'esclaves noirs fut répertoriée sur les plantations d'Arabie dès la fin du VIIe siècle apr. J.-C. La plus importante d'entre elles se produisit en Basse-Mésopotamie (Irak) au IXe siècle : commencée en 869, elle ne fut écrasée qu'en 883. C'est dire son ampleur. Le nombre des victimes aurait oscillé entre 500 000 et 2,5 millions [10] !

Ce furent les Portugais qui acclimatèrent la plante dans les îles situées au large des côtes occidentales africaines, notamment dans les Canaries, et surtout à São Tomé, au fond du golfe du Bénin, îles désertes avant leur arrivée. Pour acheter leurs premiers esclaves sur la côte africaine, les Portugais utilisèrent l'or qu'ils venaient y récolter. C'est donc au large de l'Afrique que fut constitué le système qui fit du Noir non plus un homme, mais un outil de travail. Vers 1506, 2 000 esclaves permanents se trouvaient déjà à São Tomé. En 1540, leur nombre était de 5 000 ou 6 000, tous importés du delta du Niger et surtout du Congo, et employés sur les plantations de canne à sucre. Quelques années plus tôt, entre 1530 et 1536, une grande révolte y avait éclaté ; c'est alors que les premières théories de l'infériorité des Noirs furent élaborées en Occident.

Tanzanie actuelle, qui renferment le témoignage de plusieurs femmes esclaves réfugiées à la mission à la fin de leur vie.

10 Alexandre POPOVIC, *La Révolte des esclaves en Iraq au IIIe/IXe siècle*, Geuthner, Paris, 1976.

Par la suite, les Portugais, forts de leur succès, délocalisèrent la canne à sucre au Brésil, où les plantations esclavagistes se multiplièrent à partir du milieu du XVIIe siècle. Elles furent implantées dans les Antilles britanniques (à la Jamaïque et à la Barbade) au début du XVIIIe siècle, puis dans les îles françaises de Saint-Domingue, de la Martinique et de la Guadeloupe. Saint-Domingue se transforma alors en fleuron de la production sucrière ; mais, pendant la Révolution, à partir d'août 1791, les esclaves se révoltèrent sous l'impulsion de Toussaint Louverture, arrachant l'émancipation votée par la Convention en 1794. Finalement, en 1804, deux ans après le rétablissement de l'esclavage dans les colonies par Napoléon Bonaparte, la moitié de l'île devenue indépendante institua le premier État noir moderne sous le nom d'Haïti. Cuba prit donc la relève de la culture de la canne et devint, vers la fin du XVIIIe siècle, le principal centre de production qui comptait le plus grand nombre de plantations esclavagistes. De son côté, l'Amérique du Nord accueillit pendant la colonisation britannique des plantations de tabac dans l'État de Virginie. Puis, au début du XIXe siècle, les États-Unis devenus récemment indépendants (1776) implantèrent des champs de coton dans leurs États du Sud. Cette matière première était en effet désormais très recherchée sous l'effet de la révolution industrielle britannique, fondée en grande partie sur l'essor de l'industrie textile.

Dès lors, la production esclavagiste occidentale, richesse de la période dite mercantiliste (XVIIe-XVIIIe siècles), devint partie prenante du capitalisme industriel émergent au XIXe siècle. Cet élément est important : on ne peut en aucun cas considérer que le « système esclavagiste » et le « système capitaliste » sont inconciliables. Il est au contraire avéré (et ce fut sans doute profitable, bien que la rentabilité du système esclavagiste soit l'objet de discussions entre historiens économistes) que le système dominant capitaliste fit appel de façon privilégiée, dans le cadre de la nouvelle division internationale du travail, à des structures de production *a priori* obsolètes ou dépassées.

L'esclavage noir et les traites africaines

Alors que dans le monde musulman les esclaves étaient de toutes les couleurs de peau, l'esclavage atlantique fut exclusivement noir ; si bien que très vite le mot « nègre » devint synonyme d'« esclave ». C'est Colbert qui rédigea pour le compte de Louis XIV le code, appelé plus tard le « Code noir », fixant le sort des esclaves ; code dont la sévérité apparaît d'autant plus terrible que l'un de ses objets était de tempérer le pouvoir jusqu'alors incontrôlé des planteurs. Destiné aux îles françaises des Antilles et de la Réunion, il fut durci par celui de 1724, destiné aux esclaves de Louisiane. Le mariage mixte y était proscrit, et le concubinage, qu'il s'établît entre Blanc et Noir ou entre affranchi et esclave, était puni d'amende. Les enfants nés de mariages entre esclaves restaient esclaves (même si la mère seule était esclave) et appartenaient au maître de la mère. Les assemblées d'esclaves étaient interdites et, en cas de manquement à cette règle, c'étaient les maîtres qui étaient tenus pour responsables. Les esclaves n'avaient le droit de rien vendre ni rien posséder « qui ne soit à leur maître ». Ils ne pouvaient circuler qu'avec l'autorisation de ce dernier, étaient interdits d'avoir la charge d'aucun office, et n'avaient pas le droit de témoigner. Le maître avait néanmoins pour devoir de les nourrir, de leur fournir deux habits par an et d'entretenir les vieux et les infirmes. Mais « l'esclave qui aura frappé son maître, sa maîtresse ou le mari de sa maîtresse, avec contusion ou effusion de sang, ou au visage, sera puni de mort ». Bref, l'esclave, bien que doté d'une âme, n'était qu'un bien, une chose, qui pouvait être enchaîné, frappé à coups de verges ou de cordes, et dont la valeur marchande était remboursable au maître en cas de condamnation à mort...

La volonté britannique de mettre fin à la traite négrière s'explique à la fois par l'essor du capitalisme industriel, qui privilégiait d'autres formes de travail fondées sur le salariat, et par la montée du mouvement « philanthropique » né au siècle des Lumières, qui suscita un puissant courant dit « humanitariste ». Ainsi, en 1772, le procès intenté à un planteur des îles qui avait amené un esclave à Londres déboucha sur un cas de jurisprudence, le « cas Somerset ». Ce dernier stipulait que l'esclavage était interdit sur le sol britannique car la loi anglaise ne le mentionnait pas (un procès similaire avait, un demi-siècle auparavant, conclu l'inverse, ce qui témoigne de l'évolution de la pensée au cours du XVIIIe siècle). L'interdiction de la traite par les Britanniques en 1807 fut le fruit de facteurs variés ; elle n'en signale pas moins les changements qui s'étaient produits dans les mentalités.

C'est pourtant au XIXe siècle, sous couvert de théories « scientifiques » justifiant l'« inégalité des races », que le racisme biologique se développa. Dès lors, les Noirs furent considérés comme une « race inférieure » et se retrouvèrent victimes de tous les excès provoqués par une telle conception [11] ; conception qui, comme on l'a vu, resta dominante jusqu'au milieu du XXe siècle. Dans le domaine colonial français, deux régimes coexistèrent un temps : l'un aux Antilles et à la Réunion, où l'esclavage fut maintenu jusqu'en 1848 (sinon durant le bref intermède de la Révolution française, entre 1794 et 1802, sauf en Martinique, occupée par les Britanniques), l'autre dans le « nouvel empire colonial », qui s'ouvrit en 1830 par la conquête de l'Algérie. Une histoire coloniale différente pour les Noirs d'Afrique et les Noirs antillais a débouché en France sur des « mémoires de l'esclavage » contrastées : l'expansionnisme colonial en Afrique à la fin du XIXe siècle s'autojustifia en effet officiellement par la lutte contre l'esclavage interne africain.

Car la fin de la traite atlantique ne mit pas fin au trafic, loin de là. En effet, la paix européenne de 1815 provoqua la mise au rebut d'un stock considérable d'armes, stock renouvelé au fil du siècle en raison des

---

11 *Cf.* Catherine COQUERY-VIDROVITCH, « Le postulat de la supériorité blanche et de l'infériorité noire », *in* Marc FERRO (dir.), *Le Livre noir du colonialisme, XVIe-XXIe siècle*, Robert Laffont, Paris, 2003, p. 646-685. On y trouvera les références précises de toutes ces allusions.

progrès technologiques qui conduisaient périodiquement les armées européennes à se moderniser. Les fusils devenus inutiles furent transformés en « armes de traite » (ce fut notamment l'activité spécialisée de la ville industrielle de Liège), dont l'Europe occidentale inonda le monde méditerranéen arabo-musulman. L'ouverture du canal de Suez (1869), qui établit un contact direct entre la Méditerranée et la mer Rouge, raccourcit les distances en court-circuitant la circumnavigation de l'Afrique. Paradoxalement, la fin de la traite atlantique eut un autre effet pervers inattendu : elle allait contribuer à faire de l'océan Indien le centre des affaires esclavagistes. Au XIXe siècle, le plus important marché négrier devint le sultanat de Zanzibar, qui dominait la côte orientale d'Afrique depuis Oman (en Arabie du Sud) jusqu'à l'île de Mozambique (qui donna son nom au pays côtier). Arabes, Indiens et Swahili en furent les principaux acteurs.

Les conséquences sur le continent africain

Les effets démographiques, bien que discutés et parfois exagérés, furent importants. Le calcul est difficile à établir. Les chiffres ne sont connus que pour la traite atlantique, sur laquelle on dispose de nombreuses sources quantitatives et de moyens de recoupement. Les historiens ont ainsi pu travailler soit sur le nombre d'esclaves débarqués aux Amériques (Philip Curtin), soit sur celui des esclaves embarqués en Afrique (Paul Lovejoy), soit enfin en calculant le nombre total d'expéditions et le chargement moyen des bateaux. Les résultats concordent : à peu près 11 millions d'esclaves furent déportés (en moins de deux siècles pour la plupart d'entre eux) en Amérique et dans les Caraïbes ; la période de traite la plus intense se situe entre 1760 et 1840 (l'interdiction de la traite fut peu suivie d'effet tant que perdurèrent la contrebande et la tolérance pour le trafic brésilien). Sur un peu plus de 11 millions d'esclaves importés, 4,6 millions le furent *via* la traite portugaise, 2,6 *via* la traite anglaise, 1,6 *via* la traite espagnole et 1,2 *via* la traite française. 4,8 millions d'esclaves (donc pas loin de la moitié) furent « traités » au XVIIIe siècle, et 2,6 millions, soit près de 30 % du total, entre 1801 et au moins 1866 (surtout « en droiture », directement d'Afrique vers le Brésil).

Les chiffres sont infiniment plus aléatoires pour les autres traites. Quelques historiens ont proposé des évaluations qui restent à vérifier. En dix siècles (du Xe au XXe siècle), entre 5 et 10 millions (chiffre proposé le plus récemment [12]) d'esclaves auraient traversé le Sahara en direction de la Méditerranée ; un million et demi d'entre eux seraient morts en route. Le trafic connu son acmé entre le XIIe et le XVe siècle, à l'époque des grands empires du Soudan occidental, puis lors des djihads de l'Ouest africain au XIXe siècle. Les chiffres seraient plus faibles pour la traite de l'océan Indien (de l'ordre de 5 à 6 millions ?) mais, à la différence du reste de l'Afrique,

---

12 John WRIGHT, *The Trans-Saharan Slave Trade*, Routledge, Londres/New York, 2007.

l'esclavage de plantation y fut largement pratiqué au XIXᵉ siècle, à Zanzibar et le long de la côte africaine. En tout état de cause, il est quasiment impossible de comparer des flux qui se produisirent sur des durées si différentes. Enfin il reste une inconnue impossible à chiffrer : combien de gens sont morts pour qu'un esclave soit « produit » et arrive sur son lieu d'exploitation ? Les historiens supposent qu'il y eut au minimum un mort pour un esclave. Cela donnerait un total général d'environ 50 millions d'individus perdus pour le continent subsaharien en dix siècles. Il y en eut peut-être davantage, qui sait ? En tout cas, les pertes ont varié dans l'espace et dans le temps. Le résultat sur la longue durée est implacable : l'hypothèse généralement admise, on l'a dit, est que le continent africain est le seul au monde où la population n'a pas augmenté sur la longue période qui s'étend du début du XVIᵉ à la fin du XIXᵉ siècle.

Les études régionales permettent d'apporter des précisions. Ainsi, les esclaves femmes étaient davantage recherchées sur le marché arabo-musulman (de l'ordre de deux femmes pour un homme), tandis que le rapport s'inversait dans le trafic atlantique. En tout état de cause, la traite, qui ne dépassa pas, à son apogée, le départ annuel de 40 000 individus vers l'océan Indien et de 60 000 vers l'océan Atlantique, ne provoqua pas de recul global important de la population. Ce qu'elle entraîna localement, en revanche, et qu'elle contribua à généraliser, c'est la stagnation de ces populations. Ce fut dramatique à certaines périodes de l'histoire, notamment au XVIIIᵉ siècle, une des périodes majeures du trafic, au moment où la population européenne faisait, elle, au contraire, preuve d'un grand dynamisme. La traite déséquilibra également les rapports de genres et de générations des populations, puisqu'elle visait de façon privilégiée les jeunes adultes (mâles ou femelles selon les cas) les plus vigoureux et les plus féconds.

La traite interne à l'Afrique provoqua surtout de vastes mouvements migratoires car, parmi les très nombreux États ou chefferies indépendants que comptait cet immense continent, les chefs ne vendaient pas leurs propres sujets (sinon leurs propres esclaves), mais leurs prises de guerre. Autrement dit, la chasse à l'homme provoquée par la demande favorisa les guerres et généralisa l'économie de prédation, le tout alimenté par les armes de traite importées massivement. Les déséquilibres qui s'accentuèrent entre peuples razzieurs et peuples razziés contribuent à expliquer la répartition très inégalitaire des populations entre noyaux surpeuplés — comme au Rwanda, zone refuge au cœur du continent — et régions sous-peuplées — comme le Gabon, soumis à une traite quasi continue du XVe au XIXe siècle inclus. Un autre exemple est fourni par le Nigeria actuel, dont les côtes, depuis longtemps surpeuplées, furent le siège d'une traite active soutenue par les chefferies locales qui en tiraient leur prospérité ; en revanche, les plateaux du *middle belt*, objet de razzias incessantes, se trouvent aujourd'hui misérablement dépeuplés. De nouvelles entités politiques greffées sur les circuits internationaux d'esclaves se sont constituées... Bref, la carte politique de l'Afrique fut durablement et profondément affectée par les trafics négriers.

Les résultats s'en firent pleinement sentir dès la fin du XVIIIe siècle. Comme toutes les autres sociétés préindustrielles, les sociétés africaines connurent l'esclavage pendant très longtemps et, contrairement à ce qui fit naguère rêver certains anthropologues, l'esclavage africain n'était ni nécessairement plus « doux » ni plus « domestique » qu'ailleurs. Mais l'exigence des marchés demandeurs avait provoqué un essor, inégalé jusqu'alors, des réseaux internes de traite, y compris en intensifiant le brigandage. Dans le même temps, l'usage interne des esclaves s'amplifia, surtout quand la fermeture du marché atlantique augmenta le nombre des captifs sur place. Les pouvoirs conquérants les utilisèrent largement pour renforcer leurs armées et leur production, si bien qu'à la fin du XIXe siècle la moitié des Africains peut-être étaient esclaves, pourcentage probablement très supérieur à ce qu'il était un siècle auparavant. D'où ce paradoxe : à la toute fin du XIXe siècle, les colonisateurs occidentaux allaient justifier la conquête par la nécessité de lutter contre l'esclavage interne à l'Afrique... qu'ils avaient eux-mêmes contribué à généraliser du fait de la traite atlantique puis de son arrêt relativement brutal.

En dehors de l'Afrique comme à l'intérieur, cette histoire longue de l'esclavage et du racisme antinoir, qui en fut le corollaire, laissa des traces profondes. Depuis l'an 2000, le tabou relatif pesant sur cet épisode particulièrement sombre de l'histoire des peuples est en train de tomber en France, aussi bien du côté des descendants de négriers (Européens, Arabes, Africains), que de celui des descendants d'esclaves (en Afrique et dans les Caraïbes). Cette prise de conscience a abouti au vote, en 2001, de la « loi Taubira », qui reconnaît que la traite des Noirs fut un « crime contre l'humanité ». Cette déclaration n'est pas nouvelle : l'un des premiers à le proclamer ouvertement fut, en 1781, treize ans *avant* la première abolition de l'esclavage, le philosophe Condorcet, qui commençait ainsi ses *Réflexions sur l'esclavage des Nègres* : « Réduire un homme à l'esclavage, l'acheter, le vendre, le retenir dans la servitude, ce sont de véritables crimes [...]. Ou il n'y a point de morale, ou il faut convenir de ce principe [...]. Que l'opinion ne flétrisse point ce genre de crime [...] et cette opinion serait celle de tous les hommes [...], que le crime resterait toujours un crime. »

8

L'indépendance africaine au XIXe siècle

En Afrique subsaharienne, le XIXe fut un siècle de bouleversements majeurs, qui ne relevaient qu'en partie des troubles liés à l'avancée coloniale, encore très limitée. La quasi-totalité du continent, hormis l'Afrique du Sud et l'Algérie, resta en effet indépendante jusqu'au dernier tiers du siècle.

L'Afrique occidentale

Tout le long de la côte occidentale d'Afrique, de la Sénégambie à la côte de l'actuelle Namibie, les populations furent très tôt en contact avec les étrangers arrivés par l'Atlantique. Les Portugais et les Hollandais, les principales puissances maritimes de l'époque, créèrent de nombreux comptoirs fortifiés (que l'on appelle aussi des « forts ») de commerce tout le long de la côte dès le XVIe et le XVIIe siècle : Saint-Georges-de-la-Mine (devenu ensuite Elmina) sur la côte de l'Or, Luanda sur celle de

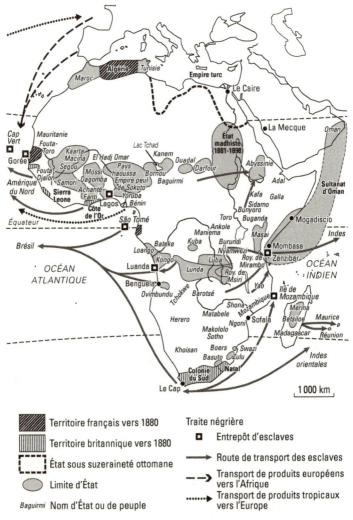

Source : C. Coquery-Vidrovitch, *Afrique noire, permanences et ruptures*, L'Harmattan, 1983.

L'Afrique politique XVIIIe-XIXe siècle

l'Angola actuel, ou Le Cap, escale de la Compagnie néerlandaise des Indes orientales située à mi-chemin de la Hollande et de ses comptoirs indonésiens. Les Français et les Britanniques les imitèrent à partir du XVIIe siècle : Saint-Louis du Sénégal et l'île de Gorée furent occupés par les agents de la Compagnie française du Sénégal, tandis que les Anglais occupèrent, entre autres, les ports de Cape Coast Castle (dans l'actuel Ghana) et de Lagos (dans l'actuel Nigeria), pris aux Portugais. À leur arrivée, les Portugais découvrirent parfois des capitales de petits royaumes bien organisés qui forcèrent leur admiration : ce fut le cas du royaume du Bénin, en pays yoruba, qui devait une partie de son essor à sa situation — à mi-chemin des routes venant du Nord (sahélo-soudanien) et de celles venant du Sud forestier. Benin City reste célèbre pour ses bas-relief et statues de bronze du XVIe siècle (sans nul doute dérivées des magnifiques têtes de bronze représentant les souverains d'Ifé au XIIe siècle [1]). Le royaume du Kongo, qui recouvrait une partie de l'Angola septentrional, leur fit aussi forte impression. Un de ses souverains, Nzinga Nkuwu, soucieux de saisir l'opportunité de commercer avec des étrangers apparemment si prometteurs, se convertit (et convertit son peuple) au catholicisme dès le XVe siècle (1491), culte dont il est demeuré tardivement des traces :

---

1   Il y a une filiation probable, mais encore non élucidée, entre la civilisation (et les bronzes) d'Ifé et du Bénin (XIIe-XVIe siècle), et la culture de Nok, qui produisit non loin de là, vers le début de notre ère, un art célèbre par ses statuettes de terre cuite d'un archaïsme exquis.

au tout début du XVIIIe siècle, il y eut même une héroïne, Kimba Vita (dite Béatrice du Congo), qui appela, au nom de la religion, à la révolte contre la mainmise portugaise. Dénoncée par les missionnaires, elle finit brûlée comme hérétique sur l'ordre du roi [2].

Dès lors que la traite atlantique se généralisa, ces formations politiques antérieures, après avoir bien accueilli les nouvelles opportunités qui leur étaient offertes, ne surent y faire face et déclinèrent. Puis elles finirent, au XIXe siècle, faute de mieux, par vendre leurs propres sujets comme esclaves, ce qui fragilisa évidemment leur existence même. En revanche, d'autres comprirent les enjeux et parvinrent à s'adapter au nouveau marché. C'est ainsi qu'une série de petits royaumes « négriers » se développèrent vers la fin du XVIIe siècle. Ils connurent successivement leur apogée et leur déclin au XIXe siècle, quand les Européens mirent fin à ce qu'ils appelaient désormais le « commerce honteux ». Les plus connus furent le royaume d'Abomey (Bénin méridional actuel), le royaume achanti (Ghana central actuel), et les nombreuses petites cités-États actives sur la côte Ewe (Togo) ainsi que dans les nombreuses îles du delta du fleuve Niger. Il s'agissait de petits États-nations — le terme n'est pas exagéré, *mutatis mutandis* évidemment — dont l'émergence (à la fin du XVIIe siècle), l'apogée (dans les

---

[2] On repère donc, dans différents points d'Afrique fort éloignés les uns des autres et situés à l'écart de l'islam, des traces de cultures urbaines florissantes qui remonteraient à la même époque, autour du XIe et du XIIe siècle, aussi bien au Zimbabwe qu'en pays yoruba ou Kongo.

années 1760-1840) et le déclin (dans la seconde moitié du XIXe siècle) coïncident chronologiquement avec l'évolution parallèle de la traite des esclaves atlantique, celle-ci se développant elle-même simultanément à l'extension des plantations de canne à sucre, du Brésil vers les Caraïbes. Il ne s'agit aucunement du hasard, mais bien d'organismes politiques qui se mirent en place en étroite corrélation avec le marché international dominant de l'époque, au moins jusque dans la première moitié du XIXe siècle.

Un des meilleurs exemples nous est fourni par le royaume d'Abomey, qui constituait une communauté politique forte, de langue et de culture fons, organisée en un système qui combinait la guerre et le commerce : à chaque saison sèche, l'armée, sous le commandement du souverain et la conduite des divers chefs de province, partait aux confins de sa zone d'influence faire des prisonniers destinés à nourrir le commerce d'esclaves. Le retour des soldats donnait lieu à de grandes fêtes dans la capitale, qui duraient cinq à six semaines. Elles nous sont bien connues grâce aux descriptions qu'en ont faites les voyageurs, pour la plupart marchands d'esclaves européens dont le roi exigeait alors la présence. Ce dernier y faisait étalage de sa puissance en faisant défiler ses richesses, dont les nouveaux esclaves razziés, et les nombreux présents offerts par ses partenaires atlantiques (carrosses, meubles ou, bien entendu, fusils européens). Ces fêtes lui permettaient de redistribuer une partie du butin à ses sujets. Elles étaient aussi l'occasion de grandes cérémonies religieuses, destinées à honorer les ancêtres royaux, où se pratiquaient notamment des sacrifices humains (d'esclaves bien entendu), sacrifices démultipliés lors des funérailles royales, où ils étaient censés accompagner le souverain au royaume des morts. Les Européens ont aussi décrit un corps d'armée tout particulier, celui des Amazones, composé de jeunes femmes offertes (de plus ou moins bon gré) au roi par son peuple. À l'issue de ces rassemblements cérémoniels, une fois la saison des pluies arrivée, les Fons redevenaient des paysans attachés à l'agriculture de subsistance, dans une région relativement fertile et peuplée — d'autant qu'à chaque génération les enfants d'esclaves nés sur le sol dahoméen devenaient dahoméens à leur tour.

De 1818 à 1858, le long règne du roi Ghézo fut bénéfique au pays, malgré les tentatives renouvelées des Britanniques de lui faire abandonner la traite négrière. Or celle-ci était centrale dans son dispositif politique, puisque la guerre était rendue possible grâce aux fusils de traite que le roi recevait en échange des esclaves qu'il fournissait. Ghézo sut maintenir cette ressource fondamentale de son pouvoir, tout en s'adaptant aux nouvelles demandes du marché occidental : la production d'huile de palme, dont le commerce, loin de se substituer à la traite négrière, lui fut complémentaire. Les grands exploitants se mirent à utiliser les esclaves sur la palmeraie, et constituèrent ainsi, dans la seconde moitié du siècle, un patrimoine patrimonial qui resta dans l'indivision jusqu'au XXe siècle. Le système politique était pyramidal, avec le monarque et sa cour au sommet, entourés d'une aristocratie complexe, faite à la fois de dignitaires locaux et de marchands afro-brésiliens, c'est-à-dire de ces anciens esclaves africains revenus du Brésil, médiateurs culturels chrétiens mais polygames, hommes d'affaires et politiques qui jouèrent un rôle important grâce à leurs richesses et à leur savoir. Cette unité nationale explique pourquoi la conquête du Dahomey par les Français (1890-1894) fut la guerre coloniale la plus dure et la plus longue de la région : le peuple soutint massivement la résistance conduite par le dernier roi indépendant, Béhanzin.

L'État achanti, né d'une confédération de peuples de langue akan (Ghana central actuel), suivit à peu près la même évolution chronologique. Cette formation à la fois militaire, politique et marchande tenait son originalité des échanges avec l'arrière-pays, fondés sur la redistribution dans tout le sahel musulman des noix de kola dont elle était, aux limites de la zone forestière, un gros producteur. Sa prospérité était garantie par la présence de l'or, qui constituait, sous forme de poudre, la base monétaire de l'État, et dont l'exportation remédia au déclin de la traite des esclaves. C'est vers la fin du XVIIIe siècle que le chef supérieur, l'*asantehene*, titulaire du « siège d'or », symbole de son autorité, assit son pouvoir. L'organisation politique y était comparable à celle du royaume d'Abomey (et l'on y pratiquait également des sacrifices humains en l'honneur des ancêtres royaux). Au début du XIXe siècle, la capitale, Kumasi, comptait 25 000 à 30 000 habitants. Elle recevait aussi bien la visite d'Européens venus du sud que de marchands musulmans arrivés du nord en provenance du sahel. Là aussi, l'annexion britannique de 1896 fut très mal acceptée : une révolte menée par la reine mère éclata et dura plusieurs années. Les Achanti n'acceptèrent la souveraineté britannique que lorsque les Anglais se résolurent, en 1928, à restituer le siège d'or de l'*asantehene*, symbole de la cohésion nationale.

En Afrique centro-occidentale, l'habitat était très dispersé, et le commerce transcontinental, intense, se pratiquait surtout de relais en relais entre des communautés différenciées toujours prêtes à se razzier mutuellement. Néanmoins, il s'y développa aussi des formations politiques solides, dont la plus connue est le royaume kuba. Son essor dans le Kasaï occidental (une province de l'actuelle République démocratique du Congo), qui culmina dans la première moitié du XIXe siècle, permit l'éclosion d'une culture superbe rendue célèbre, entre autres, par son art développé autour de la personne royale, ses masques et ses sculptures sur bois et cuivre.

On pourrait multiplier les exemples de ces petits États-nations qui prirent forme à partir du XVIIIe siècle. Elles tiraient avantage de l'articulation entre une économie locale et régionale prospère et les opportunités d'un commerce international en expansion : les royaumes dits interlacustres — dont le Rwanda, le Burundi et surtout le royaume ganda (devenu en 1894 le cœur de l'Ouganda colonial) — comptent parmi ces formations aidées par une longue histoire collective qui avait doté leurs habitants d'une langue et donc d'une culture communes. Les dérives nationalitaires de purification ethnique dont ils furent le théâtre ne sont qu'un avatar récent du déséquilibre démographique et politique accéléré par les traumatismes de l'histoire coloniale et postcoloniale.

Quant à l'arrière-pays sahélo-soudanien de l'Afrique occidentale, il connut une explosion de conversions à l'islam à la suite des djihads qui se généralisèrent à partir de la fin du XVIIIᵉ siècle. Pourquoi cette expansion soudaine si forte ? Depuis le XIIᵉ siècle au moins, l'islam était présent mais se limitait aux milieux dirigeants citadins qui l'utilisaient comme médiation diplomatique et commerciale avec le monde saharien et méditerranéen. C'était aussi un savoir religieux urbain respecté, conservé notamment à Tombouctou sous la forme de manuscrits précieux ; mais, sauf en Sénégambie où l'islam maraboutique fut plus précoce qu'ailleurs et où, dès le XVIIᵉ siècle, se développa un antagonisme fort entre religieux (dits « marabouts ») et pouvoirs traditionnels « païens » préétablis, il n'était ni rural ni populaire. Or, tout à coup, les conversions à l'islam se multiplièrent chez les Peuls, éleveurs dans les campagnes du sahel, donnant naissance à des djihads entrepris par de grands chefs à la fois religieux et militaires. Il s'agissait de mouvements idéologiques d'inspiration conservatrice ; le modèle de référence était le temps des Justes des débuts de l'islam, réaction religieuse prônant le retour à une foi purifiée. Mais c'était aussi une formule mobilisatrice de rénovation de l'ordre social répondant à sa façon au défi européen lancé depuis les côtes africaines, d'une manière indirecte et filtrée, bien avant le XIXᵉ siècle.

Le premier soulèvement peul eut lieu dans le massif du Fouta-Djalon, où prennent leur source les fleuves Niger, Sénégal et Gambie (en Guinée actuelle). Le XVIIIe siècle fut une période de rivalités intenses entre ce peuple pasteur gagné progressivement à l'islam, qui l'emporta finalement sur les cultivateurs locaux animistes qui avaient dominé jusqu'alors. Vers 1770, les Peuls avaient créé une confédération de neuf provinces contrôlant les pistes de commerce sur environ 300 kilomètres. Il s'ensuivit une réelle prospérité fondée sur un système interne hiérarchisé et esclavagiste. La production de riz et de bétail était favorisée par l'altitude, qui protégeait les troupeaux de la mouche tsé-tsé, et par la proximité relative de la côte que le Fouta approvisionnait en vivres et en esclaves sans être exposé directement aux convoitises européennes. Dans le même temps, la suprématie musulmane entraîna l'éclosion d'une culture poétique remarquable, transcrite du pular en caractères arabes. Une intense activité intellectuelle draina des étudiants venus de toutes les régions. Les méthodes africaines d'enseignement de l'islam furent en effet mises au point dans le Fouta.

Les plus célèbres djihads se succédèrent tout au long du XIXe siècle. Dès 1804, Ousmane dan Fodio, très saint et savant intellectuel, fut le premier à partir à la conquête du pays haoussa (au nord du Nigeria actuel) qu'il entendait ramener à la foi orthodoxe des premiers siècles de l'hégire. En quelques années, le territoire dominé atteignit 1 300 kilomètres d'est en ouest et 650 kilomètres du nord au sud. Les différents États issus du djihad, dirigés par des sultans ou des émirs (*amir*), reconnaissaient le pouvoir supérieur du califat central de Sokoto. Dan Fodio, grand érudit peul né en 1754, était fils d'imam ; il vécut entouré de manuscrits, dont certains venaient d'Afrique du Nord ou d'Arabie, dans une vaste maisonnée polygame et riche en esclaves où se côtoyaient Peuls, Haoussas et Touaregs, d'où un syncrétisme certain entre nomades et sédentaires. Lui et son entourage, constitué de Peuls venus d'un peu partout suivre son enseignement, surent à merveille résoudre le problème de toutes ces théocraties : comment passer d'une religion minoritaire tolérée, et adoptée par les chefs seulement quand elle leur paraissait utile, à celle d'une idéologie religieuse et impériale d'État ? Comment faire d'un petit groupe musulman rigoriste et isolé géographiquement le moteur de la reconnaissance du Soudan occidental comme *dar al-islam* ? Ousmane dan Fodio renonça au pouvoir personnel pour se consacrer à la religion dès 1810 ; il partagea son empire entre son frère et l'un de ses fils. Il fit aussi éduquer sa fille, Nana Asma, qui devint une poète reconnue en son temps.

Implanté plus à l'ouest, Oumar Tall, dit El-Hadj Omar (car il avait fait le pèlerinage à La Mecque), fut un autre de ces grands conquérants ; il étendit son pouvoir à partir des années 1840. La guerre lui permit de réaliser en quelques années ce que la prédication n'était pas parvenue à obtenir en plusieurs siècles. Descendu du haut fleuve Sénégal (zone du Fouta-Toro), il construisit son État en faisant de nombreux adeptes, mais, chassé vers l'est par la poussée française et britannique, il finit au milieu du siècle par transformer son aventure religieuse en empire de violence et de conquête. C'est pourquoi, au Sénégal, la tradition le concernant est enthousiaste lorsqu'elle évoque la période où il vivait en Sénégambie, sa région d'origine ; mais elle devient négative vers l'est, en Côte-d'Ivoire ou au Mali, où l'on se souvient surtout de ses conquêtes et de la fin de sa vie (qui fut tragique). Il mourut en 1864 dans l'explosion de son refuge transformé en poudrière ; celui-ci, paradoxalement, se trouvait chez les païens de la falaise du Bandiagara. En effet, ce ne furent pas les Européens (qui étaient encore loin) qui eurent raison de lui, mais la révolte de ceux dont il avait conquis le territoire : les Bamana [3] de la région de Ségou (Mali) et les Peuls du Macina dont il détruisit la capitale. Ces derniers ne supportèrent pas d'être asservis alors même qu'ils étaient musulmans.

D'autres djihads furent menés un peu partout à la même époque en Afrique de l'Ouest. Comment expliquer cette poussée ? On ne peut s'empêcher de penser que ces mouvements, totalement internes dans leur déroulement, répondaient à leur façon aux changements d'équilibre internationaux dont la répercussion se faisait sentir au même moment jusqu'au cœur de l'Afrique. C'était avant que la présence européenne ne soit encore perceptible ou manifestement hostile. Ce que les Africains pouvaient néanmoins éprouver, c'étaient les incidences directes ou indirectes de la révolution industrielle

---

3   Les Français les appelaient « Bambara » (terme qui désigne aujourd'hui leur langue).

en gestation en Europe. Ils constatèrent par exemple la diminution de la traite des esclaves dans l'Atlantique nord, tandis que le réseau des circuits africains du commerce intérieur, alors en plein essor, ne s'était pas adapté à la fermeture du marché extérieur. La « production » d'esclaves continua de générer des « stocks » qu'on ne pouvait plus écouler ailleurs. Qu'en faire ? Les royaumes négriers de la côte, davantage au fait des intérêts européens, surent tirer profit des conditions nouvelles du marché. Britanniques et Français, en même temps qu'ils arrêtaient d'acheter des esclaves, s'étaient mués en consommateurs de matières premières dont l'industrie européenne devenait friande : les bois de teinture, l'indigo et la noix de kola pour l'industrie textile (les teintures chimiques n'existaient pas encore), les oléagineux tropicaux pour l'huile nécessaire au graissage des machines, à l'éclairage des usines (grâce aux chandelles et aux bougies) et à la fabrication du savon (dit « de Marseille ») mis au point dans la première moitié du XIXe siècle. La côte était par endroits riche en palmeraies naturelles ; quant aux paysans sénégalais, ils cultivaient (comme en Inde) l'arachide. Les chefs locaux eurent tôt fait de mettre leurs propres esclaves au travail. Le royaume achanti fit de même en produisant de façon intensive la noix de kola : le pays était situé à la lisière de la savane et de la forêt, qui était riche de nombreux kolatiers. Les nouveaux convertis à l'islam de la zone sahélienne en devinrent de gros consommateurs, la noix ayant des qualités d'excitant comparables à celles du café, voire de l'alcool, interdit par leur religion.

En revanche, les peuples de l'intérieur se trouvèrent désorganisés par ces conditions nouvelles. Or on remarque, de manière évidente chez les Peuls qui se répandirent alors dans tout l'Ouest africain, une indéniable poussée démographique, due probablement à des conditions climatiques relativement favorables, on l'a vu, dans la première moitié du XIXe siècle. L'essor de la population était aussi le fruit d'une augmentation de la production de vivres rendue possible par la main-d'œuvre esclave désormais en surplus. Les grands djihads furent, en même temps que des aventures de conquête, des entreprises de colonat, les peuples conquis devenant (comme naguère) autant d'esclaves, cette fois-ci utilisés non comme marchandise de traite, mais comme main-d'œuvre agraire. Que faire, enfin, des autres ? Des soldats, qui venaient grossir des armées conquérantes amenées ainsi à ambitionner de conquérir toujours davantage.

Ce schéma culmina, à l'Ouest, avec le dernier des grands chefs de guerre, Samori, né vers 1830, qui utilisa l'islam plus qu'il ne le prôna (1860-1898). À la différence des précédents chefs, il n'était pas, à l'origine, réformateur religieux mais *dioula*, c'est-à-dire marchand musulman, qui avait élargi son domaine d'intervention à partir de l'arrière-pays de la Guinée côtière. Mais il était trop tard : dans les années 1865, la conquête du Sénégal avait déjà été entreprise sous la direction de Faidherbe. Les Britanniques en faisaient autant en remontant la Casamance et le long de la côte de l'Or, de même que les Portugais. Comme ses prédécesseurs, Samori n'eut à sa disposition que deux moyens pour résister à l'intrusion européenne : l'islam — il se déclara sur le tard chef de djihad — et la guerre — il se mua en chef militaire esclavagiste. Cela le conduisit à sa perte ; les Français le capturèrent en 1898, comme l'avait été cinq ans auparavant Ahmadou, fils d'El-Hadj Omar, qui avait repris le combat de son père. Ainsi les peuples soumis d'ouest en est, transformés en esclaves cultivant la terre pour leurs conquérants colonisateurs, furent délivrés moins de cinquante ans après la mise en place de ces constructions étatiques, soit par la révolte directe, soit par les Européens qui surent momentanément se présenter en libérateurs. La colonisation européenne était désormais à l'ordre du jour.

Les mouvements religieux tardifs ne furent pas propres au seul Ouest africain. Au sud de la Libye actuelle et en liaison avec ses foyers musulmans, une vaste confrérie mahdiste (le *mahdi* étant en quelque sorte un envoyé du Prophète) se propagea sous le nom de Senoussiya depuis la Libye jusqu'au nord du Tchad central dans la seconde moitié du XIXe siècle ; plus commerçant que militaire, ce mouvement n'en fut pas moins diabolisé aussi bien par les Français que par les Italiens, qui ambitionnaient de conquérir la zone. Un autre mouvement mahdiste, au cœur de l'État du Soudan actuel, à Ondurman, face à Khartoum, rallia massivement, à partir de 1885, les populations à la restauration de l'islam des origines. Il fallut treize années aux Britanniques pour venir à bout de cette hégémonie militaire et religieuse ; en effet, durant cette phase de transition, ce furent ces mouvements et non les empires animistes séculaires qui s'opposèrent avec le plus de vigueur aux puissances coloniales. Dans le même temps, ces formations nouvelles, à certains égards modernisantes, contribuèrent à désorganiser les anciens modes de vie en amorçant une véritable révolution politique et culturelle.

Ce qui interpelle ici, c'est que cette transformation politique majeure due à la constitution d'empires de conquête ne fut pas le propre du sahel africain islamisé. Elle eut lieu de façon comparable un peu partout en Afrique, à ceci près que la motivation religieuse en était généralement absente.

Économie et politique en Afrique orientale

Le rôle moteur de l'économie esclavagiste dans le façonnement de l'État est évident en Afrique orientale. Davantage liée à l'histoire égyptienne, l'épopée de Rabah est exemplaire sur ce plan. Ce dernier était esclave à l'origine, probablement originaire du Bahr el-Ghazal (État du Soudan actuel), et il apprit le métier militaire dans l'armée égyptienne. Entré en rébellion à la suite de guerres intestines, il décida de prendre le maquis à partir du Darfour avec une petite troupe de soldats aguerris. De proche en proche, il allait conquérir à partir des années 1880 l'ensemble du bassin du Tchad, installant sa capitale (et, si l'on en croit la tradition, un palais de cent chambres dont il ne reste que les ruines) au Bornou, à l'ouest du lac. L'histoire coloniale française le présente comme un tyran sanguinaire dont la conquête française était venue à bout en

1900 grâce à une triple expédition partie d'Algérie, du Sénégal [4] et du Congo. Certes, Rabah ne fut pas précisément un tendre ; il coupa des têtes et fonda sa fortune sur les razzias d'esclaves. Mais c'était à sa façon un homme politique « moderne ». Il fit creuser des puits, planter des vergers, installer une ferme ; il adopta l'artillerie occidentale ; il recevait de la mer Rouge des fusils (c'était l'époque où l'ex-poète Arthur Rimbaud s'adonnait au trafic des armes et des esclaves en Éthiopie) et de Tripoli des boulets de canon et ses lunettes de vue. Rabah entendait régir à son gré son empire, et refusa obstinément de poursuivre les contacts noués, à l'est depuis l'Égypte et à l'ouest depuis la Bénoué (Nigeria oriental), par les Britanniques, qui l'auraient volontiers utilisé pour contrer les ambitions françaises dans la zone. Paradoxe : cinq des fils de ses principaux chefs, tués à ses côtés, furent confiés par les Français à la mission catholique du Gabon. L'un d'entre eux, Ibrahim Babikir, finit conseiller tchadien de l'Union française. Son frère Djama publia en 1950 la biographie de Rabah. Bref, on constate, à la fin du XIXe siècle, une étonnante symbiose entre les méthodes des aventuriers venus d'Europe et celles des autochtones. Les premiers n'hésitèrent pas à recourir à la politique de la terre brûlée et aux méthodes locales de razzia à des fins de colonisation ; les seconds, ouverts sur le monde extérieur, se révélèrent prompts à s'insérer dans le nouveau système.

---

4 Il s'agit de l'« expédition Joalland et Meynier », qui prit la suite de l'équipée sanguinaire des militaires Voulet et Chanoine, lesquels, saisis de délire mégalomaniaque, détruisaient tout sur leur passage.

C'est sur l'océan Indien que se mit en place un système véritablement colonial dès la fin du XVIIIe siècle. Un trafic intense entre l'île de Zanzibar, le sud de l'Arabie et Bombay contribua à la croissance des cités côtières swahilies héritées du métissage entre commerçants persans puis arabes et Africains de langues bantoues qui vivaient dans l'immédiat arrière-pays. Dans le premier tiers du siècle, le sultan régnant à Oman, suzerain des lieux, s'installa à Zanzibar dont il fit sa capitale en 1840. Puis, jusque dans les années 1870, il étendit son pouvoir sur l'ensemble de la côte[5]. Les Arabes omani se souciaient peu de politique locale — sauf à Mombasa, où les Shirazi, c'est-à-dire les nobles swahilis de souche locale ancienne, avec à leur tête la grande famille des Mazrui, leur résistèrent pied à pied. Pour se différencier des Omani, les Shirazi, issus de métissages arabes beaucoup plus anciens, s'inventèrent une lointaine mais douteuse ascendance *shirazi* (perse). Ils s'intéressaient surtout au commerce, qui prospérait grâce à l'alliance des marchands zanzibarites et des financiers indiens. Dans les villes de la côte, les colons arabes dominaient grâce à leurs vastes plantations esclavagistes de canne à sucre et de cocotiers ; ils nouèrent également des alliances avec les commerçants indiens, qui finançaient les expéditions caravanières vers l'intérieur du continent. Cette aristocratie citadine tenait à se distinguer d'une foule urbaine envahissante, celle des gens des caravanes venus

---

5   C'est un sultan de Zanzibar qui commença la construction de la ville de Dar es-Salam (qui sera reprise par les Allemands).

de l'intérieur, dont la présence devint majoritaire dans le dernier tiers du siècle. D'où l'« invention » des *Mijikenda*, populace « africaine » dont les patriciens *shirazi* se différenciaient par leur mode de pensée — l'islam —, leur statut politique et leur mode de vie — les vêtements et les maisons urbaines à étage en pierre et à toit en terrasse.

À Zanzibar, l'économie de plantation esclavagiste et la prolétarisation du personnel caravanier (porteurs, chasseurs d'éléphants ou soldats mercenaires) avaient créé de nouvelles conditions de travail, largement financées par des capitaux indiens. Les esclaves étaient plus nombreux que jamais, mais leur situation variait : à côté des esclaves de plantation ou des esclaves domestiques, un certain nombre d'entre eux furent autorisés à exercer leur artisanat ou à organiser des expéditions caravanières pour le compte de leur maître.

Par ailleurs, plus les entrepreneurs de la côte pénétraient à l'intérieur des terres, moins les chasseurs et les porteurs étaient libres d'agir à leur guise : les caravaniers *nyamwezi* (littéralement, les « gens de l'Ouest ») se muèrent en une « nation de porteurs » contrôlés par les Arabes. La monétarisation de l'économie devint la règle avec l'introduction des thalers de Marie-Thérèse, monnaie d'argent spécialement frappée en Autriche pour l'Afrique, depuis le XVIIIe siècle [6], et dont la stabilité était garantie par le fait qu'ils n'étaient émis qu'en échange de

---

6   Les premiers étaient frappés à l'effigie de l'impératrice Marie-Thérèse, et les Africains n'acceptèrent que ce modèle, qui continua donc d'être fabriqué uniquement à cet usage jusqu'au début du XXe siècle.

lingots d'or. Même si l'agriculture de subsistance restait dominante, tout le monde produisait un tant soit peu pour le marché local ou régional, voire international : soit des vivres pour les citadins et les caravanes, soit des cauris (petits coquillages utilisés comme monnaie en Afrique occidentale) ramassés sur les plages et vendus aux négociants allemands qui les déversaient en Afrique de l'Ouest, soit de la résine copal ou des produits de plantation, soit encore de l'ivoire ou des esclaves, sans oublier les gens des hautes terres qui apportaient leur production dans les ports marchands. Les femmes brassaient la bière, teignaient des cotonnades ou vendaient des nattes avec les matières premières qu'elles cultivaient dans leurs champs, ou qu'elles achetaient de temps à autre aux marchands indiens. Les forgerons utilisaient du fer importé d'Europe ; la consommation de riz venu d'Inde se popularisa. Tout cela était encouragé par la montée du prix de l'ivoire garantie par l'insatiable demande occidentale, tandis que la baisse du prix des produits industriels importés rendait les termes de l'échange de plus en plus favorables, en apparence, aux entrepreneurs locaux. Un planteur, bien connu des Européens sous le nom de Tippu Tip, s'allia même un moment à l'explorateur Stanley dans le Haut-Congo. Il possédait dans la région une plantation esclavagiste où le travail était scandé par le gong. Il mourut en 1904 dans sa propriété de Zanzibar... et son faire-part de décès parut dans le *Times*.

L'État zanzibarite, État colonial, était trop hiérarchisé et compartimenté pour engendrer une nation. Du moins accéléra-t-il l'adoption d'une langue commune et la diffusion d'une culture aristocratique métissée à dominante musulmane, dont l'héritage devint un élément important des politiques nationales ultérieures. Le swahili est aujourd'hui la langue la plus parlée (et écrite) au sud du Sahara.

Plus au sud, le fait majeur de la première moitié du XIXe siècle fut la montée en puissance d'un petit royaume — sans doute lié au trafic d'esclaves — dont le souverain zoulou, Chaka, fit un État centralisé, autoritaire et guerrier. Chaka était lui-même soucieux d'entretenir sa réputation d'invincibilité, ce qui finit par en faire, selon les Blancs, un tyran sanguinaire et, selon les Africains, un héros libérateur (Senghor lui a consacré un poème célèbre). En réalité, il accueillit plutôt chaleureusement, en 1824, les premiers commerçants britanniques à qui il vendit volontiers de l'ivoire. Deux d'entre eux séjournèrent un temps dans son pays (près de Port Natal, qui deviendra Durban) et rédigèrent de précieux témoignages. Tout au long du XIXe siècle, l'historiographie produite par les Blancs exagéra l'influence de Chaka pour justifier leur propre expansion, au point que les historiens eurent un moment tendance à attribuer tous les troubles précoloniaux d'Afrique centro-australe aux guerres locales qu'il déclencha. En réalité, Chaka, qui mourut assassiné en 1828 (peut-être en raison de ses accointances avec les marchands d'esclaves blancs), fut incontestablement un réformateur d'envergure et un grand chef militaire. Son influence se développa au XIXe siècle vers le nord jusqu'au Zimbabwe occidental actuel (avec l'arrivée des Ndebele venus du sud). Il sut, à sa façon, répondre aux menaces européennes (tout en refusant l'usage des armes à feu). L'unité culturelle des Zoulous résista durablement à la conquête, bien que leur territoire ait été réduit à une maigre réserve au nord du Natal, où une dernière révolte éclata en 1905-1906. Un nouveau souffle fut donné au mythe de Chaka au début des années 1920 par de jeunes intellectuels zoulous. Chrétiens du Natal opposés au pouvoir blanc, ces derniers en firent le héros fondateur de leur parti, l'Inkatha, qui n'en était pas moins une formation politique moderne. Dans les années 1990, l'Inkatha s'opposa violemment à l'ANC de Nelson Mandela, et ses options séparatistes sont restées fermes jusqu'à nos jours.

9

*L'ère coloniale
et les transformations sociales
de longue durée*

La colonisation européenne commença bien avant le XIXe siècle, mais de façon discrète et insidieuse — sauf en Afrique du Sud, où elle fut d'emblée brutale. Ailleurs, les expéditions occidentales étaient de taille restreinte, et les quelques marchands et explorateurs qui débarquaient n'avaient aucun intérêt à provoquer les habitants, bien au contraire. Ils leur procuraient une pacotille attirante et négociaient en échange avec le chef local le droit d'implanter des forts de commerce. Quelques agents et soldats restaient sur place pour protéger les marchandises ; il arrivait aussi qu'un missionnaire y soit envoyé pour évangéliser les alentours. Le fort avait pour rôle d'affirmer la présence d'une nation face aux compagnies étrangères concurrentes, compagnies dites « à charte » qui avaient reçu le privilège royal de commercer au nom de leur pays, mais pas du pays voisin : d'où, là où c'était le plus rentable, comme sur la côte de l'Or, une succession serrée de forts édifiés par différentes nations européennes. Seuls les Portugais avaient théoriquement reçu du pape, au début du XVIe siècle, le droit d'évangéliser le continent, mais des compagnies dites « interlopes » (c'est-à-dire non officielles) leur emboîtèrent le pas : des Danois, des Hollandais et des Brandebourgeois d'abord, des Britanniques et des Français ensuite. Sauf à Luanda, port occupé de façon continue par les Portugais depuis le XVIe siècle, il est encore trop tôt pour parler de colonisation ; tout au plus peut-on évoquer une présence privilégiée.

Le cas de l'Afrique du Sud

C'est ainsi que commença l'occupation du Cap, à l'extrémité sud du continent, qui, comme nous l'avons vu, était un point d'escale de la Compagnie néerlandaise des Indes orientales. Le site, où règne un climat méditerranéen, se prêtait au ravitaillement en eau et en vivres. Au milieu du XVIIe siècle (1652-1657), les Hollandais y déposèrent quelques colons chargés d'approvisionner leurs navires. Ces petits planteurs « boers » (dont les Afrikaners sont les descendants) s'installèrent en cercle clos, chassant à coups de fusil les Africains au demeurant peu nombreux qui vivaient du nomadisme pastoral. Ils étaient esclavagistes, mais préférèrent importer leurs esclaves d'Indonésie et de Madagascar, avant de les acheter finalement aux Portugais qui pratiquaient la traite au Mozambique. Un siècle et demi plus tard, en 1795, à l'occasion des guerres issues de la Révolution française, les Anglais y débarquèrent à leur tour, mais ils n'y revinrent qu'en

1806 pour coloniser le territoire. Comme ils continuèrent d'en interdire l'accès aux autochtones, Le Cap resta une colonie blanche jusqu'à la fin du XIXe siècle. Or, dans le même temps, ses frontières ne cessèrent de reculer (passant de 25 à 250 kilomètres de la mer) au fil de guerres incessantes contre les Africains de langue xhosa repoussés toujours plus loin vers l'est. Là, au bord de l'océan Indien, les Anglais finirent par créer la colonie du Natal en 1844 aux dépens du peuple zoulou, relégué dans une réserve. Ce recul incessant de la frontière vers le nord, qui assura progressivement aux Blancs la prééminence sur l'ensemble du territoire, est comparable au processus qui eut lieu à peu près en même temps aux États-Unis pour la conquête de l'Ouest. La différence majeure réside dans le fait que, bien que pratiquant une politique équivalente de création de réserves, les Blancs d'Afrique du Sud ne parvinrent jamais à éradiquer massivement les Africains noirs qui leur préexistaient. Mais ils furent à l'origine d'une importante population métisse : Le Cap occidental, à la lisière du désert du Kalahari, était un lieu de chasse et d'aventure où les colons, arrivés sans femmes, donnèrent naissance à des « ethnies » qu'ils dénommèrent Hottentots — qui étaient en réalité le résultat de métissages de toutes sortes — et Bushmen — Bochimans en français, nés du mélange avec les populations du désert de langue khoi ou san —, le tout à l'origine de la catégorie raciale « *coloured* » créée par la ségrégation.

En 1835, la décision des Anglais d'interdire l'esclavage dans la colonie précipita l'année suivante le départ vers le nord des Boers, restés pour la plupart des petits fermiers.

Ils appelèrent cette migration le *trek*, qui signifie le « grand voyage ». Repoussant toujours plus loin les autochtones, ils créèrent deux États blancs à l'intérieur des terres : l'Orange et le Transvaal. La découverte de diamant (en 1867), puis surtout d'or, à Johannesburg (en 1886), rompit l'équilibre fragile entre Blancs ; la violente guerre anglo-boer éclata en 1899 et dura trois ans. Elle décida les Britanniques à préserver leurs intérêts financiers tout en passant la main aux nationalistes boers. L'Union sud-africaine blanche fut alors constituée et devint indépendante au sein du Commonwealth en 1910.

L'économie sud-africaine blanche, financée par sa richesse exceptionnelle en or, se développa sans commune mesure avec le reste du continent. À la veille de la Seconde Guerre mondiale, elle recevait des capitaux internationaux (britanniques et américains) qui constituaient les trois quarts du total des investissements effectués sur le continent. Les mines d'Afrique du Sud attirèrent de nombreux travailleurs immigrés venus d'autres régions du continent. Ceux-ci n'avaient le droit de circuler que munis d'un passe (ou permis) officiel et sans leur famille, et étaient parqués dans des camps miniers (les *compounds*). Entre les deux guerres, les industries commencèrent à s'implanter dans les villes, ce qui entraîna, malgré une très sévère répression, l'essor du parti communiste ; le syndicalisme africain noir, pourtant interdit par le régime, se développa également (l'African national Congress [ANC] avait vu le jour dès 1912). Des grèves violentes éclatèrent à plusieurs reprises, notamment dans les mines, auxquelles les nationalistes blancs répliquèrent en instaurant une politique raciale ségrégationniste qui devait aboutir, en 1947, à l'invention d'un système politique violemment répressif et séparatiste antinoir, l'*apartheid*. Des quartiers entiers furent rasés et les habitants délogés furent regroupés en fonction de leur « race » — blanche, indienne, *coloured* (métisse) ou noire, aux droits très inégaux. Seule la sortie de prison de Nelson Mandela en 1990 devait y mettre fin.

Le XIXe siècle colonial

Ailleurs, l'intrusion coloniale fut beaucoup moins « modernisante ». Elle se fit dans un premier temps discrète et parfois séduisante face aux désordres internes antérieurs. Les Africains ne réalisèrent que trop tard qu'ils s'étaient fait prendre au piège. En Afrique occidentale, il s'est en effet d'abord agi, pour les Britanniques, de résoudre un problème d'ordre logistique : que faire, quand la marine arraisonnait un navire de contrebande négrière, des esclaves « libérés » à bord ? Il était bien sûr hors de question de les ramener chez eux, quel que fût leur ancien lieu de résidence. L'astuce consista à mettre à profit l'expérience de certains mouvements abolitionnistes qui rêvaient de renvoyer en Afrique les descendants affranchis des esclaves atlantiques. Des missionnaires expérimentaient les effets de cette pratique depuis 1787 sur la presqu'île de Sierra Leone, que le gouvernement britannique transforma en colonie de la Couronne en 1807. Confiées aux missionnaires, la christianisation et l'éducation des « libérés » se développèrent. Au milieu du

XIXᵉ siècle, Koelle, missionnaire et linguiste, enregistra quelque 160 *langues* (sans y inclure les variantes locales) — donc *nationalités* — africaines qui cohabitaient dans la ville de Freetown. Dès la deuxième génération, les habitants de la ville inventèrent une culture commune dont la langue créole de communication, baptisée « *krio* », fut utilisée dans la presse locale avant la fin du siècle.

Freetown ne fut qu'un des centres actifs de métissage culturel depuis le début des contacts avec les Européens : Saint-Louis du Sénégal et Gorée, Cape Coast Castle, Lagos, Luanda et, sur l'océan Indien, Mozambique ou Mombasa ne sont que les plus connus d'une multitude de lieux d'échanges et de contacts. Il ne faut pas oublier, avant eux, les premières missions chrétiennes qui essaimèrent un peu partout en Afrique, là où l'islam n'était pas arrivé : en Afrique du Sud d'abord, où les missionnaires (surtout protestants, sauf au Lesotho) s'activaient dès la fin du XVIIIᵉ siècle. En 1842, David Livingstone, l'un des missionnaires les plus actifs, entreprit d'évangéliser l'Afrique centrale à partir de l'océan Indien. À la fois passionné de géographie (il voulait découvrir les sources du Nil) et doté d'un sens pratique aiguisé, il s'était donné un objectif révélateur de l'état d'esprit européen au XIXᵉ siècle : lutter contre l'esclavage interne en offrant aux Africains d'autres sources de profit ; il entreprit ainsi de créer des « fermes modèles » au cœur du continent, d'une façon pour le moins expéditive : il achetait lui-même des esclaves pour les « libérer » et leur dispenser une éducation religieuse. En échange, ces derniers devaient lui être dévoués et travailler durement pour lui. Alors qu'on était sans nouvelles de lui depuis quelques années, le journal américain *New York Herald* finança une expédition, menée par le grand reporter Stanley, destinée à partir à sa recherche. Ce dernier le retrouva finalement en 1871, à demi mourant, dans un village où eut lieu une présentation maintes fois représentée en Europe : « Dr. Livingstone, I presume [1] ? »

Ailleurs, néanmoins, il fallut attendre les prémices immédiates de la colonisation pour que les efforts des missionnaires se trouvent couronnés de succès. Selon la règle *cujus regio, ejus religio* [2], les peuples suivaient leur souverain. Cela pour deux raisons : d'une part, le travail missionnaire préalable avait préparé le terrain et, d'autre part, il était devenu de bonne politique de se concilier les faveurs du nouveau pouvoir ; la religion importée devenait garante de promotion sociale et culturelle. On remarque d'ailleurs assez souvent que la conversion choisie n'était pas celle du colonisateur local : c'est le catholicisme que choisirent en 1900 les Igbo du Nigeria sous domination britannique, tandis que le mouvement harriste (du nom de son prédicateur fondateur), qui se propagea sur la côte ivoirienne au début du XXe siècle, était d'inspiration protestante. Quant au Buganda, son roi se convertit au catholicisme à la veille du protectorat britannique, ce qui engagea le royaume dans une guerre

---

[1] C'est ce « scoop » qui donna en 1876 au roi Léopold de Belgique l'idée d'engager Stanley pour explorer le Congo à son profit en descendant le fleuve.

[2] Littéralement, « tel prince, telle religion ».

complexe, à la fois civile, religieuse et antieuropéenne, où s'affrontèrent trois partis bugandais au nom de monothéismes concurrents : protestant, catholique et musulman (1888-1893).

La quasi-totalité du continent resta indépendante jusqu'à la fin du siècle. Mais, progressivement, les relations avec l'Europe changèrent du tout au tout, surtout en Afrique occidentale, où l'économie de traite des produits [3] prit le pas sur celle des esclaves. L'accélération du rythme de la pénétration occidentale se traduisit simultanément dans tous les domaines : économique, avec l'intensification des échanges ; politique, avec la modification des relations ; et idéologique, avec l'essor d'une société créole qui devint le creuset des modes de vie et de penser européens.

Le volume du commerce entre l'Europe et l'Afrique, qui décupla entre 1820 et 1850, passait soit par la côte atlantique, soit par le Maghreb. Pour les textiles anglais, le Maroc, Tunis et surtout Tripoli devinrent les grands entrepôts du transit vers l'intérieur du continent. C'était le corollaire direct de la révolution industrielle : du fait de la mécanisation et de la production de masse, le prix de revient des biens manufacturés importés en Afrique baissa souvent de plus de la moitié, tandis que la demande occidentale en matières premières tropicales assurait une hausse sensible de leur valeur sur le marché international. La double marge bénéficiaire des firmes

---

3   Le même terme de *traite* est utilisé pour signifier que les méthodes ne différaient guère de la traite des esclaves ; seul le « produit » changeait.

expatriées (à l'importation et à l'exportation) n'empêchait pas les profits de leurs partenaires africains qui, avec la même quantité de matières premières, pouvaient s'offrir de plus en plus de biens manufacturés. Ils renoncèrent ainsi d'autant plus volontiers à la traite négrière atlantique, dont le marché avait tendance à se tarir tandis qu'augmentaient les risques liés à la contrebande.

La création, en 1788, de l'African Association, dont les statuts affichaient le projet de « développer à l'intérieur du continent le *commerce* et l'*autorité politique* de l'Angleterre », est révélatrice de l'éveil des ambitions britanniques. Quelques années plus tard, en 1795, un Européen foulait pour la première fois l'arrière-pays africain ; l'Écossais Mungo Park entendait ainsi résoudre un mystère : le grand fleuve Niger (dont le sens littéral est « des Noirs ») coulait-il vers l'ouest ou vers l'est, comme le prétendaient contradictoirement, à partir de sources de seconde main, Hérodote et Ptolémée [4] ? Depuis cette date, la quasi-totalité des explorations de la première moitié du XIXᵉ siècle furent l'œuvre des Britanniques (sauf celle de Mollien au Sénégal en 1819, et celle de René Caillié à Tombouctou en 1828) : les motivations économiques (exploiter les richesses du continent), scientifiques (en découvrir la géographie) et morales (christianiser les Noirs) se conjuguaient pour soutenir en Occident l'action

---

4   Auparavant, au XVIIIᵉ siècle, seuls deux traitants métis portugais (dits *pombeiros*) auraient réussi l'exploit de faire la jonction entre l'ouest et l'est, entre Luanda et le Mozambique. L'obstacle majeur à la pénétration européenne était la malaria.

philanthropique des adversaires de la traite négrière et des « coutumes barbares » attribuées aux Africains. Expansion géographique et vagues d'explorations prirent dans l'ensemble, jusqu'au milieu du XIXe siècle, une allure de découverte désintéressée. Les choses changèrent avec la grande expédition de Heinrich Barth — savant allemand qui découvrit et étudia le Soudan central pour le compte du Foreign Office (1850-1855) — et du pasteur missionnaire Livingstone — évoqué plus haut —, qui reçut en 1848 du gouvernement britannique le titre curieux de « consul de la côte orientale et de l'intérieur inexploré de l'Afrique ». Ces missions furent facilitées par l'usage, à partir des années 1830-1840, de la quinine (extraite de l'écorce du quinquina originaire d'Amérique centrale), qui permit de soigner le paludisme dont les Européens mouraient jusqu'alors comme des mouches. Bref, tout cela traduisait une évolution de la politique de l'Angleterre à l'égard de l'Afrique.

La pénétration du continent multiplia les occasions de conflit. Tôt ou tard, explorateurs et négociants se heurtèrent aux structures locales préexistantes. Ils eurent alors recours à l'autorité de la Couronne, qui finit par s'emparer de points stratégiques pour protéger ses ressortissants. Le même processus se répéta un peu partout, comme en Afrique du Sud où il avait démarré plus d'un demi-siècle auparavant. Les Britanniques avaient pris pied en Sierra Leone ; ils firent de même au sud de la côte de l'Or, dès 1843, pour stopper l'évolution des chefs et des premiers intellectuels locaux. En 1852, ceux-ci envisageaient d'organiser une fédération indépendante fanti, espoir anéanti avec la mise en place d'un protectorat en 1874. Près du delta du Niger, le port de Lagos fut occupé en 1851 et érigé en protectorat dix ans plus tard ; il s'agissait cette fois-ci de lutter contre la traite de contrebande des esclaves. Quant à l'expansion française, elle se dessina avec le monopole de fait accordé en 1843 par le roi d'Abomey au commerçant marseillais Régis pour le marché de l'huile de palme dans le port de Ouidah ; Libreville, sur la côte gabonaise, fut créée la même année. La conquête française démarra véritablement avec l'arrivée de Faidherbe au Sénégal en 1854.

En apparence, la vie se poursuivait comme par le passé, et les sociétés africaines purent avoir l'illusion de garder leur avenir en main en s'adaptant graduellement, sans problème majeur, au nouveau contexte. Certaines mirent même à profit la nouvelle donne économique pour renforcer momentanément leur cohésion interne. Un exemple largement étudié par les historiens est celui du royaume d'Abomey, qui assura de façon apparemment harmonieuse le passage de l'économie esclavagiste à celle de l'huile de palme. De même, en Afrique de l'Est, les domaines négriers érigés par des chefs mi-guerriers mi-trafiquants, arabes ou islamisés (Msiri, Mirambo, Tippu Tip), échangeant ivoire et produits tropicaux contre les armes nécessaires à leurs razzias, connurent leur apogée : on estime qu'entre 1865 et 1907 vingt millions de « fusils de traite » européens furent importés sur le continent noir.

La déstructuration des systèmes ancestraux put ainsi donner l'illusion d'un véritable essor avec, du côté africain, une remarquable capacité de résistance ou d'absorption. Néanmoins, l'instabilité politique, l'expansion de l'islam et la vigueur des formations de résistance à l'Occident traduisaient l'ampleur des transformations internes. À mesure que s'accélérait la cadence des rivalités politiques, le processus de subordination s'accentua, avec notamment l'occupation de São Salvador (capitale de l'ancien royaume du Kongo) par les Portugais en 1860 ; l'instauration du protectorat français de Cotonou au Dahomey (1863), celui du pays fanti (1874) puis du pays achanti (1896) en Gold Coast par les Britanniques ; la création de l'United African Company sur le Niger en 1879 ; la conquête de l'arrière-pays sénégalais, etc. Dans le Nigeria méridional, les guerres yoruba, qui durèrent tout au long du siècle, témoignent du malaise de sociétés désorganisées par la disparition de la traite atlantique et incapables de résister à la fois à la vague d'islamisation venue du nord et à la concurrence des firmes européennes expatriées, accrue par le marasme des affaires pendant la Longue Dépression (1873-1881).

La conférence internationale de Berlin

Du côté européen, on prenait la mesure de l'accroissement des résistances africaines, qui rendait les frictions de plus en plus fréquentes. La création en 1870 de deux nouveaux États, l'Italie et l'Allemagne, démultiplia la concurrence. Il fallut donc organiser une réunion diplomatique où pourraient siéger tous les États européens concernés par l'Afrique — y compris l'Empire ottoman, qui supervisait plusieurs provinces en Afrique du Nord —, mais, bien entendu, aucun des pouvoirs politiques africains. Il s'agissait désormais de fixer les règles du jeu pour éviter que ne se déclenche une guerre de rivalité entre grandes puissances. Un partage des zones d'influence, déjà entamé à la conférence de Vienne en 1815 — où, par exemple, la France récupéra Saint-Louis et Gorée —, fut donc décidé. Cela devait permettre de garantir trois points : le premier était de ménager les intérêts économiques de chacune des puissances européennes, en leur garantissant la liberté de commerce sur les grands fleuves africains du Niger et du Congo, quelles que soient les prétentions riveraines des unes et des autres ; le deuxième consistait à adopter une règle commune de colonisation : pour que les autres puissances reconnaissent la possession d'un territoire, il faudrait désormais avoir déjà implanté sur le terrain quelques installations, militaires, administratives ou commerciales. Le troisième, en marge de la conférence, était une initiative du roi des Belges Léopold II, qui rêvait d'une colonie susceptible de remédier aux problèmes causés par les dimensions réduites de son pays. Il se fit reconnaître bilatéralement, par chacun des diplomates présents, le droit de créer l'État indépendant du Congo : un bien personnel dont il assuma la charge en roi absolu grâce à son immense fortune. En effet, le Parlement belge, méfiant, avait refusé d'assumer les risques d'une colonisation aventureuse dans un territoire à peine exploré (sinon par les soins du journaliste américain Stanley engagé par le roi pour descendre le fleuve). Dans les années 1890, Léopold, à qui le territoire coûtait trop cher, essaya sans succès de faire reprendre le Congo par la Belgique qui consentit tout au plus à deux reprises à lui accorder des prêts. Il continua donc seul, jusqu'à ce que la situation se retournât en sa faveur : à partir de 1898, le caoutchouc de cueillette devint rentable grâce à l'essor de la fabrication des pneus automobiles. Mais cela se fit au prix d'une intensification de la cruauté du régime d'exploitation qui donna lieu, en 1905, au scandale international du « caoutchouc rouge » : sous l'impulsion du journaliste britannique Edmund Morel, le régime léopoldien fut dénoncé dans la presse européenne. On apprit ainsi que les agents du roi, qui cumulaient les fonctions d'administrateur et d'entrepreneur, étaient d'une brutalité inouïe, d'autant que leur promotion dépendait de la quantité de latex produite. Ce scandale obligea le roi à remettre son État indépendant (devenu une affaire rentable) à la Belgique. Ainsi le Congo devint colonie belge en 1907.

La compétition coloniale entérinée par la conférence eut pour effet d'accentuer ce qu'on a nommé la « course au clocher » (ou « *scramble for Africa* »). L'idéologie impériale véhiculait les thèmes de la supériorité raciale et du « fardeau de l'homme blanc [5] » tenu de répandre outre-mer les bienfaits de sa culture (les fameux « trois C » : Commerce, Christianisme, Civilisation). Chacun voulait sa part du gâteau. En 1900, quinze ans après la conférence, le partage était achevé, à l'exception du petit Liberia, et surtout du très vieil empire d'Éthiopie : l'empereur Ménélik avait

---

5   Titre d'un poème de Rudyard Kipling écrit en réalité à l'occasion de la guerre entre l'Espagne et les États-Unis, qui s'étaient emparés des Philippines (1898).

mis sur pied une armée de 100 000 hommes qui résista à l'invasion préparée à partir de la province de l'Érythrée, qu'il venait de vendre à l'Italie. La bataille d'Adoua (1896) fut célébrée des années durant par la peinture populaire nationale. C'est en hommage à cette victoire que, à l'indépendance, la plupart des drapeaux des États africains optèrent pour les couleurs du drapeau éthiopien : le rouge, le jaune et le vert [6].

La première phase coloniale : vers 1885-vers 1930

Il est difficile de périodiser précisément cette phase en raison du chevauchement des épisodes et de la plus ou moins grande précocité de l'avancée coloniale selon les zones : entre l'Afrique du Sud — colonisée longtemps auparavant —, l'Afrique de l'Ouest — où l'« économie de traite » (des produits après celle des esclaves) était ancienne —, le Congo belge — devenu rapidement, comme nous l'avons vu, « rentable » —, l'AEF (Afrique équatoriale française, dite « Cendrillon de l'Empire ») ou l'Afrique orientale — guère ouverte à l'exploitation occidentale avant le XXe siècle —, il n'est pas aisé d'établir une chronologie précise. Néanmoins, l'époque de la Grande Dépression, dans les années 1930, marqua une rupture décisive : elle démontra l'échec de l'économie prédatrice

---

6 L'Éthiopie, conquise en 1935, ne fut colonie italienne que six brèves années sous Mussolini (1936-1941).

qui avait jusqu'alors prédominé en Afrique intertropicale non minière, et la nécessité d'investissements infrastructurels autres que ceux portant sur les seules voies d'évacuation (chemins de fer et ports). Mais, à cause de la Seconde Guerre mondiale, cette politique d'équipement fut ajournée durant de longues années.

Jusqu'à la Première Guerre mondiale au moins, la justification morale de la colonisation — la mission « civilisatrice » et chrétienne de l'Occident — semblait aller de soi, sans qu'on éprouvât le besoin de mesures sociales et sanitaires concrètes. On n'en envisagea même jamais sérieusement le financement puisque, selon les conceptions en vigueur à l'époque, qui ignoraient la notion d'« aide au sous-développement » (créée seulement après la Seconde Guerre mondiale), c'était l'outre-mer qui devait rapporter à la métropole et non le contraire ; c'est dans cet esprit que fut votée en 1900 la loi dite de l'« autonomie financière » des colonies, restée en vigueur jusqu'en 1946. Les colonies avaient chacune leur budget propre, alimenté par l'impôt direct par tête, dit « de capitation » (difficile à mettre en place dans des sociétés non ou peu monétarisées), et les taxes douanières (d'où la nécessité d'une économie extravertie privilégiant le commerce international). Ce maigre pécule devait couvrir toutes les dépenses (salaires de l'armée et de l'administration inclus). Autant dire que les colonies ne subsistèrent qu'à l'aide d'emprunts contractés auprès de la métropole, ce qui accrut encore leurs charges. Un hasard malheureux voulut que les grands emprunts coloniaux, déjà envisagés par la France avant la Première

Guerre mondiale mais retardés par le contexte politique, ne soient finalement avalisés qu'en 1931 : ils ne servirent qu'à colmater les brèches provoquées par la Grande Dépression. Remboursables sur cinquante ans [7], ces emprunts enclenchèrent de bonne heure le cycle infernal de l'aide et de l'endettement.

Le résultat consista en une exploitation prédatrice brutale qui prit principalement deux formes :

— l'*économie minière*, qui concernait les quelques pays richement dotés en minerais utiles à l'économie internationale : l'or d'Afrique du Sud et de Rhodésie du Sud (Zimbabwe), le cuivre du Congo belge et du Copperbelt zambien, le diamant du Congo (Kasaï). La plupart des autres minerais ne furent exploités qu'après 1960 (diamant d'Angola ou de Centreafrique, et richesse exceptionnelle de la Namibie, alors sous mandat sud-africain). Les capitaux provenaient d'Occident, et les mineurs étaient recrutés plus ou moins de force dans les colonies voisines (le Mozambique portugais en fit son revenu principal). Des contrats de dix-huit mois permettaient tour à tour de les parquer dans les *compounds* miniers et de les renvoyer dans les « réserves » où restaient cantonnés femmes et enfants. Le *turnover* rapide visait à éviter au maximum la « prolétarisation » de travailleurs dont les colonisateurs voulaient qu'ils restent ruraux. En dépit de ce régime inhumain qui se poursuivit jusqu'aux indépendances, le syndicalisme commença à

---

7   Cette dette dont les États indépendants ont hérité fut finalement purgée au début des années 1970.

se développer à partir des années 1930, notamment sur le Copperbelt ;

— l'*économie de traite des produits* agricoles, surtout développée en Afrique intertropicale, et plus encore en Afrique occidentale. Celle-ci se définissait par l'échange de biens manufacturés importés contre des biens agricoles primaires d'exportation, fournis par les paysans dans le cadre d'une production villageoise technologiquement peu évoluée.

La rareté, l'éloignement, l'incapacité à reproduire les objets faisaient que les paysans étaient prêts à fournir, pour obtenir ces marchandises, une somme de travail infiniment plus élevée que ne l'exigeait leur valeur sur le marché international. Le commerce d'import-export resta entièrement aux mains des firmes expatriées, aussi bien, au départ, au niveau de la collecte des produits qu'au retour, à celui de la vente au détail des biens d'importation. Le « traitant » africain fut réduit au rôle subalterne de colporteur ou de salarié (sous-gérant ou commis), tandis que s'épanouissaient les grandes firmes modernes d'import-export : Lever (devenu Unilever en 1928), la Compagnie française d'Afrique occidentale (CFAO, 1887), la Société commerciale de l'Ouest africain (SCOA, 1899), toutes héritières d'affaires nées au cours du XIXe siècle.

Une phase de prédation accélérée caractérisa l'Afrique centrale (AEF, Afrique orientale, État indépendant du Congo). Certaines grosses sociétés privilégiées (sociétés à charte ou compagnies concessionnaires) se spécialisèrent dans le commerce des produits de cueillette (latex et ivoire, thésaurisé par les chefs), ce qui leur permit de réduire au minimum leurs frais d'installation ; quand le caoutchouc et l'ivoire ne rapportèrent plus, elles purent arrêter leurs activités du jour au lendemain avec un minimum de pertes. C'est ce qu'elles firent autour des années 1920 : ce pillage eut pour résultat d'épuiser les forces vives du pays, en hommes et en ressources. Enfin, on a tendance à oublier que le premier génocide du XXe siècle fut celui des Herero, ordonné par le général allemand von Trotha dans le Sud-Ouest africain (en Namibie actuelle), en 1904-1907. Malgré la victoire militaire écrasante des Allemands dès 1904, au moins la moitié des 100 000 Herero et Nama furent massacrés ou périrent refoulés dans le désert.

La méthode était brutale. Partout, elle engendra des abus d'autorité et des atrocités. Compte tenu de la disproportion des forces en présence, c'était inévitable : les agents coloniaux étaient très peu nombreux, ils vivaient dans des conditions parfois très difficiles, étaient isolés et peu contrôlés. Ils avaient tous les pouvoirs, les « indigènes » quasiment aucun. Certains colons furent efficaces, d'autres se conduisirent en autocrates insupportables. On ne va pas ici énumérer ces « abus » qui furent nombreux, et souvent connus : l'expédition Voulet-Chanoine, par exemple, partie de Dakar pour le Tchad en 1899-1900, se termina dans un bain de sang ; ou encore, au Congo, le fameux « scandale du caoutchouc rouge », déjà évoqué, qui ne fut pas sans équivalent au Congo français, où le ministre des Colonies envoya en toute hâte l'ancien explorateur Savorgnan de Brazza, dont le rapport, jugé explosif, fut interdit de publication [8]. Bien d'autres scandales provoquèrent nombre de réactions, dans la presse, au Parlement, suscitant parfois des procès retentissants (procès Gaud et Toqué [9], ouvrage d'André Gide sur son *Voyage au Congo* en 1927, témoignage du grand reporter Albert Londres, *Terre d'ébène*, 1929). Conscient de ces abus, le gouvernement du Front populaire prôna un « colonialisme humaniste » qui devait y remédier. Mais, au moment de l'indépendance, la levée autoritaire de l'impôt de capitation avait toujours cours. Celui-ci avait si mauvaise réputation que la plupart des jeunes États indépendants le supprimèrent purement et simplement.

Ces pratiques provoquèrent un peu partout, tout au long de la période coloniale, des révoltes de désespoir qui étaient l'expression brutale du refus, au nom d'un impossible retour au passé. Cette succession de révoltes débuta et se termina par deux grandes poussées charnières. La première se produisit dès le milieu du XIXe siècle avec le vaste soulèvement xhosa en Afrique du Sud (1856-1857), désir désespéré de récupérer les terres. Celui-ci s'exprima au travers d'un mouvement millénariste de purification radicale, où le sacrifice du bétail et la

---

8   Le résultat fut qu'un nouveau scandale dut être à nouveau étouffé en 1906 : un jeune administrateur honnête fit découvrir dans la région de Bangui les exactions d'une compagnie concessionnaire, la Mpoko, convaincue de 750 meurtres sûrs et 750 autres probables, les agents de commerce tirant sur tout Africain qui refusait de recueillir du latex.

9   Le scandale fut découvert par Brazza dans la région de Fort-Crampel où, pour fêter le 14 juillet 1903, les deux fonctionnaires avaient fait sauter un « indigène » en lui introduisant une cartouche de dynamite dans l'anus.

destruction des récoltes étaient sous-tendus par la vision apocalyptique d'un souffle libérateur qui pousserait tous les Blancs à se jeter à la mer. Ce soulèvement laissa le pays affamé et exsangue. Près d'un siècle plus tard, la grande révolte gbaya, qui ravagea l'AEF aux confins du Cameroun, de l'Oubangui-Chari et du Tchad entre 1928 et 1933, exprimait un élan comparable. L'écart chronologique souligne le décalage dans l'ancienneté des contacts. Entre-temps, de nombreuses révoltes éclatèrent : le mouvement Moorosi au Lesotho (1879), la révolte de Mamadou Lamine au Sénégal oriental (1885-1887), celle de Massingire en Afrique orientale portugaise (1884), le soulèvement d'Abushuri dans l'Afrique orientale allemande (futur Tanganyika) (1888-1891), ou encore celui des Ndebele et des Shona en Rhodésie, ou des Tlaping au Bechuanaland (1896-1897). Les exemples sont innombrables. Ces révoltes furent parfois pour les chefs l'occasion de s'unir à l'échelle d'une région tout entière ; elles exprimaient notamment le refus de se plier à l'exigence nouvelle de l'impôt de capitation. L'ampleur des répressions — qui firent régulièrement des centaines, voire des milliers de victimes — affola les populations.

Le désarroi qui s'ensuivit explique la conversion massive aux religions nouvelles qui apparaissaient dès lors comme le dernier refuge d'une société désemparée. À partir de la Première Guerre mondiale, des sectes et des Églises « noires » plus ou moins syncrétistes se sont développées. Le mouvement affecta le monde musulman aussi bien que les pays animistes. L'influence chrétienne, surtout, fut à l'origine de vastes Églises messianiques : Église éthiopienne, adventisme du 7ᵉ jour importé des États-Unis sous le nom de Watch Tower en Afrique du Sud, kimbanguisme au Congo (aujourd'hui la deuxième Église chrétienne d'Afrique), harrisme en Côte-d'Ivoire, mouvement zioniste ou vapostori du Mashonaland. Certaines d'entre elles connurent une forte résonance politique : André Matswa fut un syndicaliste congolais « moderne ». C'est après sa mort, en 1942, que naquit le « matswanisme » messianique en pays lari, au sud du Congo-Brazzaville.

Ces mouvements exprimaient une réponse populaire à une domination de plus en plus coercitive. Impôt, travail forcé et cultures obligatoires furent les chevilles ouvrières de l'économie d'exportation dans la première moitié du XXᵉ siècle. Quel que fût le régime colonial, les moyens de pression étaient identiques : l'impôt, considéré comme un outil de colonisation puisque les Africains étaient obligés de travailler pour le colon afin d'en payer le montant ; les cultures obligatoires, qui les obligeaient à en vendre le produit — la culture du coton, matière première sous-payée, fut très impopulaire, tandis que, entre les deux guerres, le rendement du cacao et du café permit à une classe de petits planteurs en Ouganda ou en Côte-d'Ivoire de se développer ; enfin, le recrutement obligatoire des travailleurs, ou « travail forcé » — plus ou moins légal selon les régimes coloniaux —, s'ajoutait à des prestations effectuées gratuitement au titre des travaux d'intérêt public. Légal au Congo belge ou dans les colonies portugaises, le travail forcé n'avait théoriquement pas droit de cité dans les colonies françaises (au nom de la liberté du travail proclamée par la Déclaration des droits de l'homme et du citoyen). Il fut néanmoins couramment utilisé (surtout pendant les deux guerres mondiales), au point qu'il dut être supprimé en 1947 par la loi dite Houphouët-Boigny. S'ajouta à ces différents moyens de pression, dans les pays où le colonat blanc était important, l'expropriation des terres (Afrique du Sud, Highlands du Kenya) au moyen de la détestable politique des « réserves ».

Ces contraintes n'eurent pas que des effets négatifs : de nouveaux marchés furent créés et l'économie monétaire progressa, ce qui contribua à généraliser le salariat devenu peu à peu volontaire car nécessaire. Bref, comme le voulaient ses promoteurs, cela accéléra la pénétration de l'économie occidentale mais, jusqu'en 1930 au moins, sous une forme particulièrement brutale. Dans une société déséquilibrée, au peuplement insuffisant, aux structures coutumières négligées par le pouvoir colonial, ces pressions se firent aux dépens des cultures vivrières. Celles-ci ne diminuèrent pas forcément, mais, laissées entièrement aux soins des Africains, elles ne bénéficièrent pratiquement d'aucune amélioration technique et s'avérèrent incapables de pourvoir aux besoins d'une population dont la croissance redémarrait. Le problème était grave quand la plupart des hommes travaillaient au loin, sur les chantiers ferroviaires ou miniers, ou bien en ville. Il devint tragique à deux reprises : en 1914-1918, lorsque les métropoles — en particulier la France — exigèrent des colonies un « effort de guerre » disproportionné par rapport à leurs capacités (conscription de près de 200 000 hommes — contre 8 000 pour l'Ouest africain britannique — et intensification des productions stratégiques), et lors de la débâcle économique des années 1930. Cela entraîna des famines et des révoltes qui démontraient la fragilité de l'équilibre de l'ensemble.

La période 1920-1935 resta une phase coloniale dure ; elle correspondit en effet à l'intégration accélérée des pays africains dans le système capitaliste mondial, alors que rien ou presque n'était encore prévu sur le plan social (sanitaire, éducatif, professionnel) pour protéger les populations autres que les travailleurs utilisés par les colons. La hausse des prix combinée à l'accroissement des charges (impôt, travail, cultures) entraîna la détérioration du sort des Africains. Lors de la Grande Dépression, il régnait une misère profonde, en partie liée au fait que les Africains pouvaient de moins en moins recourir aux structures socioéconomiques villageoises, désormais largement précarisées. Seule, en zone intertropicale, la Gold Coast échappa en partie au marasme général en raison de ses richesses exceptionnelles (premier exportateur mondial de cacao, monopolisé depuis 1911 par une petite bourgeoisie rurale dynamique de planteurs autochtones). Mais, dans l'« Afrique des réserves », le surpeuplement commençait à provoquer la stérilisation des terres.

La seconde phase coloniale

La reprise consécutive à la Grande Dépression fut ralentie par la coupure de la Seconde Guerre mondiale, mais se confirma ensuite. En 1950-1952, les cours des produits tropicaux et, par suite, les profits des grandes firmes atteignirent même, en valeur constante et relative, le point culminant de leur histoire. Puis, autour de l'année charnière 1952 (et de la crise de la guerre de Corée), il s'opéra un renversement de la tendance de fond de l'exploitation coloniale : ascendante jusqu'alors, elle baissa ou, au mieux, stagna ensuite. La colonisation risquait de coûter cher. C'est ce qu'exprima le courant d'opinion dit « cartiériste », du nom du journaliste Raymond Cartier qui, à partir de ses reportages dans l'hebdomadaire *Paris Match*, rendit célèbre la formule : « plutôt la Corrèze que le Zambèze ». Les entrepreneurs occidentaux allaient alors se reconvertir dans une exploitation de type post- ou néocolonial.

La naissance de l'économie moderne, qui avait bouleversé les structures sociales antérieures, avait aussi favorisé l'éclosion de forces africaines dynamiques. Sauf en Afrique du Sud, comme toujours plus précoce, c'est dans les années 1930 que s'ébauchèrent partout les premières formes de résistance syndicales et politiques qui devaient déboucher, après la Seconde Guerre mondiale, sur la revendication majeure de l'indépendance nationale. Ces processus conjoints, du côté occidental (où le principe colonial commençait à être mis en doute) comme du côté africain (où se développait la volonté d'autonomie), allaient contribuer à élaborer, au cours de la période suivante, les structures de la décolonisation.

La modernisation de l'exploitation

C'est paradoxalement l'effondrement économique des années 1930 qui obligea les métropoles à réviser leurs modèles de colonisation : contraints d'intervenir, les gouvernements acceptèrent l'idée que l'Empire rapporterait à condition d'y mettre le prix. Mais, pour l'Afrique intertropicale, le retard pris était énorme. Dès 1929, la Grande-Bretagne avait créé le Colonial Development Fund (Fonds de développement colonial, repris et amplifié en 1940). Le premier plan d'équipement français, faute d'avoir été financé en 1919 (la reconstruction de la métropole était alors une priorité), fut publié en désespoir de cause par l'ex-ministre des Colonies Albert Sarraut en 1923 sous le titre « La mise en valeur des colonies ». Les plans suivants, proposés dans les années 1930, avortèrent pour la même raison : le refus d'y mettre le prix. Mais en 1944, enfin, la conférence de Brazzaville préfigura la création du Fonds d'investissement et de développement économique et social (FIDES). Créé en 1946, ce dernier rompait avec le principe de l'autonomie financière : désormais, la France financerait les investissements à hauteur de 45 % (le reste était encore assuré par des emprunts coloniaux auprès de la Caisse de coopération de la France d'outre-mer, la CCFOM). Dans le domaine de la santé publique, les Français passèrent de pratiques sanitaires curatives à une politique de prévention (et de vaccination), préalable au boom démographique des années 1950-1960.

Au cours des années 1950, la scolarisation des garçons dans le primaire passa de 6-7 % à 50 % parfois ; une partie croissante de la population fut dès lors utilisée comme « auxiliaire » de la colonisation. En dehors de quelques rares établissements qui existaient antérieurement (collège de Fourah-Bay au Sierra Leone fondé en 1827, Lovedale en Afrique du Sud en 1841, l'École d'instituteurs de l'AOF William-Ponty au Sénégal en 1903...), la pauvreté du système universitaire commençait à pousser quelques étudiants à aller se former à l'étranger (Kwame Nkrumah aux États-Unis, les Sénégalais Léopold Senghor, reçu à l'agrégation de grammaire, ou Alioune Diop, qui créera en 1947 la revue *Présence africaine*, partirent pour la France). Cependant, avant la Seconde Guerre mondiale, l'influence de cette élite intellectuelle était moindre que celle de la masse des salariés — petite bourgeoisie d'instituteurs, de bureaucrates et de commis qui, dans certains cas (comme en Afrique centrale), représentaient la totalité de l'élite. Cette classe moyenne, plus nombreuse en Afrique britannique où l'on forma davantage de techniciens, exerça une influence déterminante grâce à sa mobilité sociale ; elle faisait le lien entre, d'une part, le milieu européen et l'élite africaine et, d'autre part, les paysans exaspérés par leur misère ou, dans les centres urbains, la masse prolétarisée. En dépit de la résistance de l'administration coloniale, cette petite bourgeoisie prit progressivement le pas sur les autorités coutumières pour gérer les premières institutions sociales (*welfare associations*, sociétés de prévoyance, etc.) et constitua le gros des cadres des *trade unions* (syndicats) et des partis politiques naissants. En AOF, le gouvernement du Front populaire autorisa le syndicalisme africain en 1936 ; les Britanniques firent de même à partir de la Seconde Guerre mondiale.

Cette « élite moderne » fut à l'origine des mouvements de résistance contemporains : boycott du marché occidental dans l'agriculture de traite (*cash crops*) ou le commerce (planteurs cacaoyers de la Gold Coast dès 1930-1931 et surtout en 1938 ; boycott des boutiques indiennes au Buganda en 1959...) ; grèves, surtout, dont les toutes premières éclatèrent en Afrique occidentale britannique dès la fin du XIXe siècle, mais dont les plus massives se développèrent sur les sites miniers (Afrique du Sud en 1920 et 1946 ; Rhodésie du Sud en 1927 et 1945 ; Copperbelt en 1935 et 1940), dans le secteur ferroviaire (au Cameroun en 1945 ; sur le Dakar-Niger en 1939 et 1947-1948) ou dans les villes (grève générale de 1945 au Nigeria), c'est-à-dire dans les secteurs les plus affectés par l'économie moderne.

La Seconde Guerre mondiale joua un rôle majeur d'ouverture (comme l'avait déjà fait la Première Guerre pour les « tirailleurs » mobilisés dans les tranchées), par la mise en contact des Africains avec d'autres idées et d'autres peuples. Les idéologies étrangères, dont la censure coloniale avait jusqu'alors interdit la pénétration sur le continent, sauf pour quelques privilégiés, se répandirent comme une traînée de poudre (principe de la « liberté des peuples à disposer d'eux-mêmes » inscrite dans la charte de l'Atlantique, en 1941, et dans celle des Nations unies, en 1945 ; marxisme des groupes d'études communistes en AOF ; courant panafricain d'origine noire-américaine ou antillaise, parvenu aux étudiants africains de Paris à la veille de la guerre et qui poussa les jeunes Léopold Senghor et Aimé Césaire à créer la revue *L'Étudiant noir* et à inventer le concept de « négritude »).

Les partis naquirent sous leur forme moderne et radicale (Rassemblement démocratique africain [RDA] en 1947, Convention People Party de la Gold Coast en 1944, etc.) ; ils utilisèrent souvent des moyens de pression légale (l'« action positive » de Nkrumah), parfois aussi, en désespoir de cause, des procédés violents (révolte Mau-Mau au Kenya en 1952-1956, rébellion malgache en 1947, ou camerounaise à partir de 1955, soulèvement congolais en 1960). Tout en utilisant parfois des formes archaïques (références ethniques ou religieuses néotraditionnelles), ils exprimaient aussi, résolument, en dépit de leur confusion, des courants modernistes d'opposition militante à l'exploitation coloniale, quitte à se retrouver, à l'indépendance, déchirés par des rivalités internes visant à l'hégémonie politique.

Les mutations entraînées par la colonisation européenne, sous laquelle vécurent au minimum deux ou trois générations d'Africains et parfois nettement davantage, furent énormes. Les Africains nés dans les années 1960 vivent dans un contexte qui n'a plus rien à voir avec celui qu'ont connu leurs parents nés un siècle plus tôt. Leur héritage culturel n'est plus le même (et le nôtre non plus). Mais, comme on l'a rappelé au début de cet ouvrage, cette phase effectivement cruciale n'explique pas tout : il y en eut bien d'autres dans l'histoire africaine. C'est pourquoi, entre autres, l'idée d'un « retour », implicitement conçu comme paradisiaque, à la phase antérieure — aux « ethnies » d'antan par exemple — est un leurre ; on ne gomme pas l'histoire, quelle qu'elle soit. On n'a pas non plus à la juger : les historiens trouvent ridicule, notamment, l'idée de « peser » le pour et le contre de la colonisation, en mettant en balance ses aspects estimés « positifs » et « négatifs » (pour qui ? et pourquoi ?). Cela n'a aucun sens en histoire : la colonisation européenne est un fait historique, qui a changé le cours de l'histoire pour les Africains ; elle relève en ceci du domaine du *savoir* et non de celui de la *morale*, d'autant plus que, compte tenu des conditions internationales de l'époque, et surtout de l'histoire européenne, on voit mal comment les Occidentaux auraient pu régler autrement leurs propres problèmes (économiques, politiques, scientifiques…) dans le contexte de la seconde moitié du XIXe siècle. En histoire, aucun facteur n'est en soi et pour toujours « positif » ou « négatif ». Ses implications immédiates peuvent apparaître contradictoires avec ses effets à moyen et à long terme, et ce constat est *normal*. Cela n'est pas nouveau : l'ex-ministre des Colonies Albert Sarraut qui, comme on l'a vu, prônait déjà en 1919, alors sans succès, une politique d'investissements sanitaires et scolaires, avait déjà prévu les risques à long terme de sa politique de « mise en valeur » des colonies. Il ne croyait pas si bien dire : « Cette politique d'éducation morale à l'égard de nos protégés, tout cela n'est-il point fait pour préparer et favoriser l'indépendance des pays coloniaux qui nous sont soumis ? [...] Même si cela devait être — et nous verrons tout à l'heure si cela peut être —, la situation ainsi créée *ne pourrait en tout cas préoccuper que nos petits-neveux* qui, comme nous, auront à [...] vivre au milieu de la complexité des problèmes de leur temps [10]. »

Prenons un exemple concret : celui de la politique sanitaire coloniale. Elle fut longtemps médiocre — sans effet notable sur une évolution démographique globalement catastrophique — car ses objectifs étaient essentiellement curatifs : il s'agissait de guérir les malades, en priorité ceux qui étaient utiles à la colonisation, c'est-à-dire les travailleurs et, accessoirement, leur famille. La protection maternelle et infantile fut envisagée en AOF à partir de 1924 mais peu mise en pratique. Ce n'est qu'aux alentours de la Seconde Guerre mondiale que l'on s'engagea résolument dans la prévention. L'arme essentielle en fut la vaccination obligatoire. Le résultat fut quasi immédiat : en quelques années, le taux de mortalité infantile, qui était supérieur à 250 pour mille [11], tomba à moins de 100 pour mille. En revanche, le taux de natalité, proche du maximum biologique, eut même tendance à augmenter en raison des soins maternels et infantiles (de l'ordre de 47,5 pour mille). Il en résulta, en

---

10 Albert Sarraut, *La Mise en valeur des colonies*, Payot, Paris, 1923, p. 115 et 117.
11 Les taux de mortalité ou de natalité expriment le nombre de décès, ou de naissances, intervenant dans l'année pour un groupe pondéré de mille habitants représentatif de la population totale. Le taux de mortalité infantile concerne les enfants de la naissance à un an.

Afrique intertropicale, un boom démographique continu à partir des années 1950. Or, au début des années 1960, les jeunes États disposaient de très peu de ressources et de cadres ; les écoles étaient en nombre très insuffisant malgré les efforts fournis (moins de la moitié des garçons et moins du quart des petites filles scolarisables allaient à l'école élémentaire) ; à partir des années 1970, ces jeunes vinrent grossir, en ville, la multitude des pauvres sans emploi. Que les médecins aient fait leur travail — sauver des vies — et que le pouvoir colonial ait financé cet effort peut incontestablement être considéré comme une grande réussite des années 1950. Or les effets ont posé des problèmes quasiment insolubles à court et moyen terme. Va-t-on qualifier tout cela de positif ou de négatif ? Ce serait absurde. Tout au plus pourrait-on estimer que les colonisateurs, les démographes, les politiques n'ont pas su prévoir l'avenir ; mais en avaient-ils et les moyens, et le pouvoir, et le savoir ? La conjonction de multiples facteurs — sanitaire, financier, démographique, économique, politique, etc. — est en jeu, rien n'est simple en histoire. Établir les faits, comprendre — hélas ! *a posteriori* — les processus et leurs implications, ce n'est pas être *repentant*, comme tant de médias ou de politiciens nous en ont rebattu les oreilles ; c'est, tout simplement, admettre la complexité de l'histoire sans tabou et sans complexe, pour espérer mieux penser à l'avenir.

10

Décolonisation et indépendance

La longue maturation des États africains contemporains

Colonisation et décolonisation sont inséparables : on ne peut comprendre l'une séparément de l'autre, et ce pour plusieurs raisons. La plupart des États africains contemporains ne sont pas nés dans les années 1960, comme l'affichent les dates des indépendances. Ils ont commencé à prendre forme bien avant, dès que leur territoire a été déterminé, c'est-à-dire entre 1885 (conférence internationale de Berlin) et 1900 (hormis l'Union sud-africaine blanche, indépendante dès 1910). C'est au cours de cette période que furent reconnues les frontières-lignes des territoires coloniaux : à la différence des frontières-zones des États africains antérieurs dont l'extension, assez floue, pouvait varier, les frontières-lignes furent dessinées sur des cartes et donc fixées dans les chancelleries européennes. Leur intangibilité fut confirmée

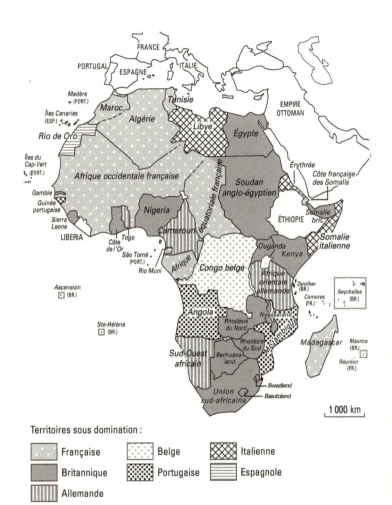

L'Afrique colonisée à la veille de la Première Guerre mondiale

dans la charte de l'OUA (Organisation de l'Union africaine, 1963). Les jeunes États indépendants estimèrent à l'époque qu'ils avaient d'autres problèmes bien plus aigus à résoudre dans l'immédiat, à commencer par la libération des colonies qui demeuraient sous le joug occidental. On constate que toutes les tentatives de sécession (Biafra au Nigeria, Katanga/Shaba au Zaïre) échouèrent, sauf celle de l'Érythrée, dont le nationalisme est le produit d'une histoire singulière. L'Érythrée était une province ancienne de l'Empire éthiopien, importante parce que la seule à lui assurer l'accès à la mer Rouge dès lors que la France avait bloqué Djibouti (à l'origine Obok), mais sa spécificité était aussi liée à l'histoire des provinces du nord de l'Abyssinie plus qu'à celle du Choa central (qui devint le centre de l'empire au XIXe siècle seulement). Les raisons de la sécession remontent à la vente de la province aux Italiens par l'empereur éthiopien Ménélik, en 1890. À l'occasion de la Seconde Guerre mondiale, en 1941, l'Érythrée fut occupée par les Anglais, qui en firent une tête de pont essentielle sur la mer Rouge et y encouragèrent l'industrialisation et la modernisation de l'économie, et ce jusqu'en 1953, date de leur départ. L'Érythrée vit en particulier se développer une classe ouvrière et une vie syndicale actives. Le rattachement à l'Éthiopie, longuement négocié et devenu effectif en 1960, près d'un siècle après sa cession aux Italiens, fut vécu comme une régression étatique et économique, ce qui explique la vive réaction nationaliste qui s'en est ensuivie.

Aujourd'hui, les États-nations africains, malgré les pires difficultés, ne sont pas remis en question, même au

Congo-Kinshasa (RDC) ou en Côte-d'Ivoire. En effet, durant la colonisation, au moins trois générations vécurent dans les mêmes frontières, avec les mêmes lois, le même régime politique (aussi autocratique fût-il) et la même langue de colonisation. Le cas est clair pour l'Afrique du Sud, où les oppositions raciales furent pourtant encore plus marquées qu'ailleurs : l'unité de la nation — en dépit de pulsions de sécession très minoritaires aussi bien chez les Noirs (Zoulous de l'Intakha) que chez les Blancs (ultranationalistes) —, en construction depuis plus d'un siècle, ne fut jamais remise en question, ni d'un côté ni de l'autre. L'Afrique du Sud s'est en effet construite non pas sur une « identité ethnique » — la complexité du peuplement est au contraire très grande dans le pays et résulte, chez les Blancs comme chez les Noirs, de migrations et de brassages de populations anciens et accentués tout au long du XIXe siècle — mais sur un projet intégré reposant sur un système cohérent d'économie libérale, mis en place depuis longtemps sous la forme d'une activité minière et industrielle. Ce projet, l'évolution politique actuelle entend le poursuivre, mais en le sous-tendant désormais d'une volonté politique égalitaire entre Sud-Africains noirs et blancs. Quelles que soient les énormes difficultés du processus, force est de constater qu'il est en marche.

C'est lorsque le projet économique débouche sur une impasse — ce qui est un cas fréquent aujourd'hui en Afrique — que les peuples se réfugient dans la construction identitaire et les haines ethniques. L'évolution actuelle en Afrique présente des points similaires à l'histoire de l'Europe centrale des deux derniers siècles, caractérisée par l'émergence, les revendications et les heurts de ce que les observateurs ont appelé l'« histoire des nationalités », que l'on dénomme aujourd'hui improprement en Afrique des « ethnies ». L'exacerbation des nationalismes régionaux n'est que le résultat de l'échec répété d'expériences politiques nationales.

Les mouvements de décolonisation qui aboutirent finalement à l'indépendance commencèrent avec la colonisation, parfois même avant (les premiers nationalistes « ghanéens » apparurent dans la seconde moitié du XIXe siècle). La conquête coloniale entraîna un peu partout des violences paysannes, locales ou régionales. Progressivement, entre les deux guerres, ceux que l'on appelait alors les « élites » revendiquèrent le droit de participer à l'exercice du pouvoir. Malgré la surveillance policière, l'anticolonialisme s'exprima surtout au sein de groupes militants qui s'organisèrent en métropole, car la censure était trop répressive sur place. Les revendications d'autonomie, voire d'indépendance, se sont exprimées dans le cadre des territoires coloniaux tels qu'ils avaient été définis par les Européens. Les États à venir allaient reconnaître le même cadre. Certains cas sont étonnants : l'insurrection camerounaise des années 1950 (sous la direction du syndicaliste Ruben Um Nyobe) exigeait d'abord la réunification des deux Cameroun, or cette revendication se référait à la guerre de 1914-1918, lorsque la colonie allemande créée à la fin du XIXe siècle avait été partagée entre les colonisateurs français et britannique. Même constat pour la Haute-

Volta (le Burkina Faso aujourd'hui) : créée en 1919 seulement et supprimée en 1933 pour être partagée entre Niger, Soudan (Mali) et Côte-d'Ivoire, elle fut reconstituée en 1947 à la demande expresse des hommes politique voltaïques !

La Première Guerre mondiale, qui fit découvrir le monde aux soldats recrutés en Afrique (près de 200 000 hommes en AOF et autant au Maghreb), et la Seconde Guerre mondiale (avec la charte de l'Atlantique, en 1941, et celle des Nations unies, en 1945, qui affirmaient solennellement le « droit des peuples à disposer d'eux-mêmes ») constituèrent des tournants essentiels. Dès 1947, le sort en était jeté : les Britanniques accordèrent à l'Inde (et donc au Pakistan) son indépendance, même si, il faut le reconnaître, ils n'envisageaient de faire de même en « Afrique noire » que dans un avenir assez lointain. Ce fut ensuite le tour de l'Indonésie, qui obtint des Hollandais son indépendance en 1949. Au sud du Sahara, la Gold Coast donna le coup d'envoi des indépendances en 1957, sous l'égide du grand militant panafricain Kwame Nkrumah. Elle se rebaptisa alors Ghana en référence au glorieux passé médiéval de cet ancien empire sahélien. L'aveuglement du gouvernement français, qui perdit son âme dans deux guerres coloniales (en Indochine et en Algérie, entre 1946 et 1962), étonne *a posteriori*. Il s'explique par une idéologie impériale développée plus tardivement qu'ailleurs : aussi bien le gouvernement de Vichy que celui de la France libre, pour des raisons évidemment opposées, glorifièrent l'empire : Pétain parce qu'il pouvait ainsi faire semblant de préserver la souveraineté française, de Gaulle parce qu'il lui fallait affirmer sa légitimité de chef d'État sur un sol français qui ne pouvait alors être qu'impérial puisque l'Hexagone était occupé (d'où la conférence de Brazzaville, en janvier-février 1944). L'idéologie politique de bien des dirigeants africains francophones était imprégnée de cette forme singulière d'impérialisme assimilationniste : ce que demandaient les « élites » de l'époque, ce n'était pas l'indépendance, mais les mêmes droits que les citoyens français. Or le mythe de l'« assimilation » intégrale, visant à faire de tous les Africains des Français, avait, en métropole, disparu depuis longtemps (remplacé par le terme plus prudent d'« association ») ; mais il avait connu un début de réalisation en Afrique même, dans ce qu'on appelait les « quatre communes du Sénégal » (Saint-Louis, Gorée, Rufisque et Dakar), dont les « originaires » avaient reçu la nationalité française en 1916[1]. Il en alla de même en 1946 aux Antilles, sous la conduite d'Aimé Césaire, avec la départementalisation. Cette quête de la nationalité française pour obtenir l'égalité pesa longtemps sur les

---

1 Blaise Diagne, député élu à l'Assemblée nationale française (selon un héritage de la Révolution française réactivé en 1848, dont relevaient les quelques colonies rescapées du premier empire colonial, d'avant les guerres napoléoniennes, qui avaient le droit d'élire un représentant national), négocia cet acquis contre la promesse de lever chez les « sujets » d'AOF les troupes nécessaires pour la guerre des tranchées. La citoyenneté des Quatre Communes acceptait le droit civil musulman (c'est-à-dire la polygamie). C'est là l'origine de la tolérance longtemps accordée en France métropolitaine aux ménages polygames, y compris lors des migrations du travail d'après la Seconde Guerre mondiale.

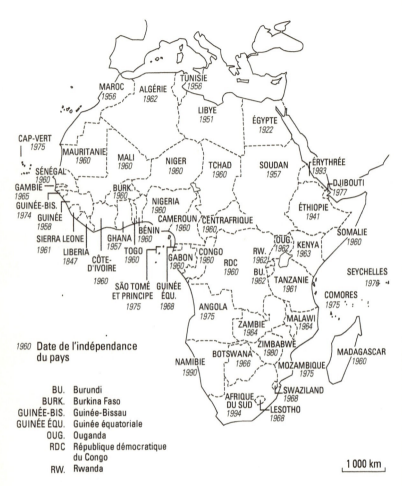

L'Afrique contemporaine

revendications politiques internes des futurs États francophones.

Dans la première moitié du XXe siècle, la colonisation presque intégrale du continent avait, pour une période relativement brève, écarté l'Afrique du champ des concurrences mondiales. « Mise en réserve » et utilisée comme telle par les différentes métropoles, surtout pendant la Grande Dépression des années 1930, l'Afrique sembla alors disparaître du jeu global. Mais la parenthèse fut brève. De la Seconde Guerre mondiale à la fin de la guerre froide, l'Afrique retrouva toute sa place dans le système mondial : d'abord comme champ de bataille essentiel aux forces alliées et unique base française de la France libre, déclarée comme telle par le général de Gaulle à la conférence de Brazzaville ; ensuite, comme point de départ des troupes de reconquête vers l'Europe méridionale ; et, enfin, comme centre stratégique et diplomatique de la guerre froide. L'Afrique joua un rôle dans la politique de non-alignement des pays émergents du tiers monde car elle devenait aussi consciente de ses atouts ; cette politique s'exprima à la conférence afro-asiatique de Bandung en 1955 et, l'année suivante, à la conférence animée par les trois initiateurs du non-alignement : Tito (Yougoslavie), Nasser (Égypte) et Nehru (Inde).

Ce rôle fut renforcé par les indépendances des années 1960-1980 puisque, désormais, les quelque 45 États africains, 53 en comptant les îles, (ils étaient encore loin d'être tous indépendants en 1963, au moment de la création de l'Organisation de l'Unité africaine) allaient faire entendre leurs voix aux Nations unies. Il nous faut ici à nouveau mobiliser la cartographie pour bien comprendre les nouveaux enjeux : l'Afrique était au centre des rivalités, sorte de zone tampon essentielle courtisée à la fois par l'Est et par l'Ouest (les États-Unis et l'Europe occidentale d'un côté, l'URSS et la Chine de l'autre), et elle-même déchirée entre les modérés et les radicaux (le « groupe de Monrovia » d'un côté, celui « de Casablanca » de l'autre).

Depuis la chute du mur de Berlin (le 9 novembre 1989), l'importance de l'Afrique dans le monde n'a pas décru. La fin de la guerre froide, bien qu'elle ait interrompu la concurrence directe entre les deux blocs, n'a pas mis fin au commerce des armes. Celui-ci s'est vu redirigé vers une grande partie du continent africain, qui s'est ainsi transformé en l'un des principaux marchés de consommation d'armement produit par les grandes puissances internationales. L'histoire politique intérieure de l'Afrique, souvent tragique, est évidemment liée à cette nouvelle donne. Il serait malhonnête de ne l'attribuer qu'à l'impéritie des pouvoirs en place ; même si celle-ci fut et reste trop souvent réelle, elle est de plus en plus imbriquée dans la mondialisation économique. Cela est vrai même pour une guerre civile qui ne relève apparemment que d'une logique purement interne : le génocide rwandais de 1994[2]. Les développements

---

2 On ne s'attardera pas ici sur cette grave question à propos de laquelle il existe de nombreuses publications récentes de qualité. Retenons qu'il ne s'agit pas d'un conflit « ethnique », mais refabriqué comme tel en

récents sont en passe de faire de l'Afrique, pour un certain nombre d'années encore, le premier producteur mondial de pétrole (et de bien d'autres minerais de grande valeur). C'est dire à quel point le continent, une fois de plus, se trouve en prise avec le monde.

L'indépendance : une conquête

La volonté politique de libération nationale, aiguillonnée par la création de l'Organisation de l'Unité africaine et les ambitions panafricaines de Kwame Nkumah (Ghana) ou de Barthélemy Boganda (République centrafricaine), avait démarré partout au même moment, au début des années 1960. Dans une grande partie de l'Afrique, la lutte armée pour l'indépendance fut violente et sauvagement combattue. Elle exigea à plusieurs reprises des guerres de libération, notamment dans les colonies portugaises contre la dictature féroce de Salazar, qui refusait la décolonisation. De grandes figures de leaders politiques se détachèrent, qui furent à la pointe du combat dans de violentes guérillas : Amilcar Cabral en Guinée-Bissau, Agostinho Neto et Mario de Andrade en Angola, Eduardo Mondlane au Mozambique. La métropole ne devait céder qu'après la révolution socialiste dite

---

raison de facteurs conjugués de nature politique, démographique, foncière et nationaliste, manipulés aussi bien par les colonisateurs belges que par les intellectuels nationaux. *Cf.* par exemple Colette BRAECKMAN, *Terreur africaine. Burundi, Rwanda, Zaïre, les racines de la violence*, Fayard, Paris, 1996 ; et *Les nouveaux prédateurs : politique des puissances en Afrique centrale*, Aden, Bruxelles, 2009.

« des œillets » au Portugal (avril 1974). En Afrique du Sud, la volonté farouche d'en finir avec le régime inique de l'apartheid fut animée par l'ANC à partir de 1960 et soutenue par la figure héroïque et charismatique de Nelson Mandela (arrêté dès 1962 et libéré en 1990), enfin élu président de la République en 1994. Côté britannique, l'évolution fut contrariée là où des lobbies colons rêvaient de maintenir un régime ségrégué : la révolte Mau-Mau au Kenya (1952-1956) fut sévèrement réprimée sur le terrain, mais convainquit le gouvernement de Londres de hâter l'indépendance (1963) ; en Rhodésie, à peu près au même moment (en 1964), la petite minorité blanche (300 000 personnes) déclara unilatéralement son indépendance, qui ne fut pas reconnue par l'ancienne métropole : le pays, l'ancienne Rhodésie du Sud, prit le nom de Zimbabwe en 1980, avec la victoire du mouvement insurrectionnel de Joshua Nkomo et Robert Mugabe.

Pour ce qui concerne les colonies françaises d'Afrique « noire », on ne peut pas dire que l'indépendance fut « octroyée ». L'idée de la « trahison » des élites africaines de l'époque envers la cause de l'indépendance est assez répandue chez les jeunes Africains francophones, parce qu'il y eut davantage négociation que lutte armée ; mais elle est fausse. La décolonisation — sauf à Madagascar, en 1947, et au Cameroun, où les insurrections furent réprimées dans le sang — correspondit à la conjonction d'une série de facteurs politiques complexes montrant que la France était plutôt en retard sur les autres métropoles. D'une part, le « divorce » se creusa en métropole entre l'idéologie impériale (particulièrement tenace en

Algérie) et les intérêts économiques français, qui n'avaient plus besoin de la colonisation dès lors qu'elle entraînait plus de dépenses que de profits (notamment par la promulgation en 1952 du Code du travail outre-mer qui se démarquait du Code français du travail) ; d'autre part, les réformes proposées par la conférence de Brazzaville accélérèrent le processus politique africain. C'est ce que montre l'instauration de la décentralisation administrative, qui provoqua la création d'assemblées territoriales élues ouvrant la voie à la vie politique ; cette réforme prévoyait une déconcentration des pouvoirs dans les fédérations d'AOF et d'AEF, avec un début de participation aux affaires des Africains sous la forme d'un collège électoral censitaire, réservé aux « élites » modernisées en même temps qu'aux chefs coutumiers dits « traditionnels ». Ces élus siégeaient aux côtés du collège métropolitain élu au suffrage universel. Chaque territoire fut doté d'un Conseil général, devenu Assemblée territoriale en 1948, qui votait le budget et les impôts ; le gouverneur général de la Fédération fut également assisté d'un Grand Conseil. Malgré la mauvaise volonté des administrations locales, les syndicats forgèrent leurs militants, les personnalités politiques africaines se multiplièrent, les élections jouèrent leur rôle, et la revendication nationale s'enracina dans ce qu'on appelait encore les « territoires ». C'est ce qui se passa en AOF, avec la création du RDA, affilié un temps au Parti communiste français (1947), au Gabon et au Congo, au Ghana (indépendant en 1957), au Nigeria, au Kenya, au Tanganyika… Les futurs chefs d'État — Sékou Touré,

Houphouët-Boigny, Mamadou Dia, Léopold Sédar Senghor, Nkrumah, Kenyatta ou Nyerere et même Léon Mba au Gabon ou Fulbert Youlou au Congo — furent des hommes politiques au sens plein du terme. De nombreuses élections scandèrent ces années d'apprentissage et la liberté s'apprend vite... Sous la pression de forces politiques montantes issues d'une jeunesse nombreuse en effervescence, la métropole fut contrainte d'évoluer, avec la loi-cadre de 1956 (dite loi Defferre) qui instaura le suffrage universel pour les Africains, et décida de nommer à la tête de chaque territoire deux responsables associés, l'un français, l'autre africain.

Il y eut à ce moment-là, du côté africain, l'espoir d'une adéquation entre la constitution de l'État, la formation de la nation (« moderne »), et la volonté (voire le rêve) d'autonomie économique. Dès lors, avec le recul, on peut en déduire que l'hypothèse d'une fédération africaine occidentale, privilégiée par Senghor, ou l'idée des États-Unis d'Afrique équatoriale, chère à Boganda, devenaient de plus en plus improbables, chaque territoire ayant été encouragé depuis de longues années par la politique coloniale à développer sa propre autonomie. De Gaulle a néanmoins tenté en 1958 de faire chapeauter l'ensemble par une « Communauté française » qui aurait gardé la haute main sur les évolutions de nations structurellement liées à l'ancienne métropole. Le vote sur la Communauté fut précédé d'une propagande française effrénée. De Gaulle lui-même entreprit une vaste tournée. Il fut parfois fraîchement reçu, notamment au Sénégal, et bien entendu en

Guinée, où le militant indépendantiste Sékou Touré fit triompher le « non » au référendum. Dès lors, déjà aux prises avec la guerre d'Algérie, De Gaulle avait compris que l'évolution vers l'indépendance était inéluctable à brève échéance. Elle intervint partout en 1960, proclamée chaque fois à des dates différentes.

L'enthousiasme des fêtes de l'indépendance montre à quel point les peuples en attendaient la délivrance, à quel point aussi les visionnaires de l'indépendance restaient inaudibles pour les ex-pouvoirs coloniaux : ainsi, le superbe discours de Patrice Lumumba lors des fêtes de l'indépendance du Congo belge, le 30 juin 1960, devant le roi des Belges Baudouin [3], détermina son assassinat quelques mois plus tard à l'instigation des services secrets belges et américains. Ce fut une grossière erreur : contrairement à ce que pensaient alors les puissances de l'Ouest, Patrice Lumumba n'était pas un dangereux révolutionnaire communiste, mais avait tout du social-démocrate modéré. Sa disparition brutale fut à l'origine de dizaines d'années de chaos qui auraient pu être en partie évitées.

La périodisation

On peut distinguer trois phases principales qui se sont succédé au cours des cinquante années d'indépendance.

---

3   Le discours a été enregistré et est disponible à l'adresse suivante : <www.nzolani.net/spip.php?article22>.

— *La période « néocoloniale »*

Le projet démocratique africain se révéla irréalisable dans le délai qui avait été imaginé initialement. Malgré les progrès d'après guerre, l'accès à l'école restait réservé à une minorité (très restreinte dans le secondaire) et la plupart des gens étaient analphabètes. La classe politique, avertie mais limitée, était déphasée par rapport au peuple. Celui-ci attendait une délivrance immédiate que les États étaient dans l'incapacité de lui donner : ils ne purent rompre avec l'extraversion économique qui était au fondement du projet colonial. Cette contradiction ramena le peuple vers un imaginaire identitaire de compensation qui a pu donner lieu au pire (comme lors du génocide rwandais).

Le tribalisme fit des ravages, le régime présidentiel aussi. Les peuples se jetèrent, au nom de l'État-nation à construire, entre les mains de dictateurs qui incarnaient le contraire de l'idée démocratique qu'ils étaient supposés importer d'Occident. Devenus chefs d'État, ces anciens parlementaires n'eurent qu'une idée en tête : accélérer la fabrication de la nation de façon artificielle. D'où le parti unique, le syndicat unique (Senghor, l'un des premiers à le faire, n'y mit fin qu'en 1975 et 1976 au Sénégal) : c'était à l'État de construire la nation ; cela revenait donc à nier la seconde au profit du premier. Les anciens militants politiques se firent despotes implacables : Sékou Touré en Guinée, Léon Mba au Gabon, Fulbert Youlou au Congo, et bien d'autres. Les putschs (le premier, en 1963, fut l'œuvre d'Eyadema au Togo) accélérèrent le passage à la dictature, le divorce devint évident entre l'État et la nation. Autrement dit, la première période de l'indépendance, que Nkrumah qualifia de « néocoloniale », fut une phase de régression qui entraîna toutes sortes de dérives totalitaires, civiles ou militaires, libérales ou « marxistes-léninistes ». De plus, ces situations étaient sous-tendues par des accords militaires plus ou moins secrets avec les anciennes métropoles qui, selon les cas, encourageaient ou réprimaient les putschs.

— *Les années 1968-1980*

Les exigences des jeunes Africains, dont le nombre était en rapide augmentation, se précisèrent au cours de cette période. Ils réclamaient la révision d'accords de coopération léonins et l'africanisation des cadres, rendue possible par les énormes progrès de l'éducation et l'explosion urbaine. Ces revendications furent d'abord rejetées : le président sénégalais Senghor exerça une répression violente contre les étudiants de l'université de Dakar en 1968, et à nouveau en 1973 ; le président Houphouët-Boigny fit de même en Côte-d'Ivoire jusqu'en 1992, et ce fut le cas dans bien d'autres pays africains. Durant ces années, du côté français, les institutions n'avaient le plus souvent subi qu'un habillage de façade masquant leur continuité effective avec la colonisation. Ainsi, le Fonds d'aide et de coopération (FAC), géré par la Caisse centrale de coopération économique (CCCE, devenue depuis lors l'Agence économique) et suivi de près par le ministère français de la Coopération (où l'on continua longtemps de parler des « pays du champ » ou encore du « pré carré » français), avait pris la suite quasi directe du FIDES et de la CCFOM naguère contrôlés par le ministère des Colonies.

La longue récession inaugurée par les chocs pétroliers (de 1973 et 1979) rendit la progression difficile et heurtée. Il n'empêche : sans que ce fût immédiatement visible, et malgré la répression sévère de régimes dictatoriaux implacables et durables (Mobutu au Zaïre, Eyadema au Togo, etc.), le travail souterrain de démocratisation progressait dans la société civile.

— *Depuis 1989*

Le tournant décisif est intervenu avec la chute du mur de Berlin, qui libéra au moins en partie les forces sociales et politiques intérieures jusqu'alors violemment réprimées (explosion des « conférences nationales », dont la première se tint au Bénin dès février 1990). La guerre froide prenant fin, les grandes puissances ne ressentaient plus le même besoin de se reposer sur des « pouvoirs stables » garantis par des potentats aux ordres. Ce n'est sans doute pas un hasard si Nelson Mandela fut libéré au même moment (février 1990). Depuis lors, les transformations n'ont plus cessé, et la genèse d'une société civile et politique est en marche [4]. Aujourd'hui, en moyenne, la population urbaine dépasse (parfois de beaucoup, comme au Congo-Brazzaville, au Gabon ou en Afrique du Sud) la population

---

4 *Cf.*, par exemple, Guy LABERTIT, *Adieu, Abidjan-sur-Seine. Les coulisses du conflit ivoirien*, Autres Temps, Paris, 2010.

rurale, mais les « remèdes » économiques imposés par le FMI et la Banque mondiale dans les années 1990 — les PAS (politiques d'ajustement structurel) — eurent des conséquences sociales tragiques : écoles, universités, hôpitaux sont dans une situation désastreuse ; la démocratisation, qui a fait des progrès évidents dans certains pays (Mali, Bénin, Botswana...), demeure fragile dans d'autres (Sénégal, Niger), ou encore en échec (Cameroun, Togo, Kenya...), et surtout mal comprise : chaque opposant rêvant de créer son propre parti, on peut compter dans certains pays plusieurs dizaines de mini-partis d'opposition ! Dans le pire des cas (comme dans les deux Congo), l'imbrication étroite des intérêts des dictateurs et de leurs féaux toujours en place (mais de plus en plus surveillés par la société) avec ceux des stratégies internationales et des multinationales pétrolières et minières paraît rendre la situation inextricable. Il n'empêche : l'opposition s'organise, la presse se libère, l'assassinat de journalistes fait dorénavant scandale, la bourgeoisie d'affaires se développe, Internet et le téléphone portable révolutionnent l'ensemble de la société, campagnes incluses, et de plus en plus de filles vont à l'école (la parité est parfois même atteinte, sauf dans la plupart des pays musulmans).

Les femmes, avenir de l'Afrique ?

Depuis la fin des années 1990, la vision de la condition féminine en Afrique penche vers un certain « afro-optimisme ». Les observateurs, tout en soulignant les handicaps des femmes dans une société globalement machiste, mettent aussi en lumière leur capacité d'invention et d'innovation. La très grande majorité des femmes, souvent encore analphabètes à l'âge adulte, se consacrent à la subsistance, aujourd'hui principalement en milieu urbain. Le travail informel des femmes s'incarne essentiellement dans les « *marketwomen* », qui tiennent les marchés urbains et qui ont pris, surtout depuis l'indépendance, une importance déterminante. Elles assurent en effet la survie de villes entières, dont les habitants se comptent désormais en millions, en veillant à l'approvisionnement en vivres, souvent en liaison et en collaboration avec leurs homologues rurales. Les femmes sont d'ailleurs désormais plus nombreuses que les hommes dans la plupart des grandes villes africaines. On ne peut pas comprendre comment on y survit si on occulte le rôle essentiel qu'elles jouent dans les activités « informelles » (peu ou pas comptabilisées) consacrées à la subsistance.

Mais il existe aussi aujourd'hui des femmes diplômées (y compris issues des grandes universités américaines) et responsables d'entreprises. Ainsi à Bamako (au Mali), Mme Aminata Traoré, sociologue de formation et ancienne ministre de la Culture, a fondé une entreprise de luxe destinée à mettre en valeur le très bel artisanat de son pays (tissage, poteries, vannerie, etc.) et ouvert deux restaurants de cuisine locale, d'une qualité exceptionnelle. C'est une véritable chef d'entreprise dont l'activité se déploie de façon autonome. Ces exemples se multiplient, et pas seulement dans la mode, le journalisme ou l'administration. La distorsion entre la réalité et la recherche se traduit par un fait simple : on ne sait encore presque rien en France de l'Association panafricaine des femmes d'affaires qui, signe des temps, a tenu son premier congrès en 1999 à Accra — ville où effectivement les commerçantes sont reines depuis longtemps —, le deuxième à Addis-Abeba et le troisième... à Orlando en Floride ! Ces femmes, que leur formation et leur milieu inscrivent parmi les ressources vives de leur pays, savent désormais utiliser à merveille les ressorts du capitalisme contemporain — réseau Internet inclus évidemment — pour en assurer la rentabilité. Le phénomène est en plein essor. C'est en Afrique, au Liberia, qu'a été élue en 2006 la première femme chef d'État (et pas seulement de gouvernement) : Ellen Johnson-Sirleaf, économiste formée dans plusieurs universités américaines de renom. On peut aussi citer la Kényane L. Muthoni Wanyeki, ex-directrice générale du Réseau panafricain des femmes pour le développement et la communication. Il existe par ailleurs plusieurs congrès annuels panafricains organisés par et pour les femmes. Bref, les femmes sont de plus en plus nombreuses à travailler à leur propre émancipation, et beaucoup y sont d'ores et déjà parvenues.

Villes, gouvernance et démocratie

Le travail dit « informel » de la masse des citadins (qui, aujourd'hui, atteint environ 70 % des activités) est apparu dès le début de la colonisation. Il fallait bien, en effet, que quelqu'un s'occupât des affaires domestiques de tous ceux qui étaient désormais employés par les Blancs (en tant que cheminots, facteurs, porteurs, maçons, artisans ou « *boys* »). Cela entraîna donc une importante migration féminine urbaine très mal contrôlée. Dans les villes hypertrophiées, qui n'ont cessé de grossir depuis les années 1950, les habitants ont dû inventer seuls de nouvelles formes de citadinité, dont les processus et les mécanismes restent largement méconnus des services officiels. C'est pourquoi il est si difficile aujourd'hui d'avoir recours à des solutions urbanistiques classiques pour traiter un phénomène hérité d'un long passé de malentendus et d'incompréhension réciproques, entre la vie quotidienne et concrète d'une immense majorité de citadins, ceux des classes défavorisées, et la gouvernance urbaine actuelle. Cette dernière cherche à remédier à l'absence ou aux difficultés de la démocratisation politique. Le problème, c'est que la démocratie exige, pour bien fonctionner, une bonne gouvernance (c'est-à-dire une gestion administrative saine et exigeante), mais que toute « gouvernance » sans démocratie est un leurre, car l'administration découle du politique et non le contraire.

Les études récentes sur la ville africaine, plutôt que d'insister sur la nécessaire « adaptation » des Africains à la ville (occidentale) — ce qui fut le thème dominant de l'anthropologie africaniste des années 1960-1980, pour laquelle l'Africain était *par essence* un rural (ce qui a donné lieu à des clichés aussi grossiers que celui exprimé dans le discours du président Sarkozy à Dakar) —, mettent l'accent sur la *créativité* urbaine africaine ; les villes ne sont pas pour les Africains des lieux d'adaptation, ce sont (comme ce fut le cas toujours et partout) des lieux de syncrétisme et d'échange. Ce ne sont pas les Africains qui devraient « s'adapter » à un modèle urbain qui leur serait étranger (au contraire, depuis une bonne génération, bon nombre d'enfants des villes ne sont jamais allés à la campagne, faute de moyens), ce sont les Occidentaux (experts de l'urbanisme inclus) qui doivent accepter de recourir à de nouveaux instruments d'analyse pour comprendre comment et pourquoi les citadins africains génèrent des modèles urbains pour lesquels les instruments conceptuels habituels s'avèrent inopérants. En d'autres termes : qu'est-ce qui fait que des villes, qui, selon les normes occidentales, ne devraient pas « marcher », fonctionnent ? On peut même dire qu'elles ne fonctionnent pas si mal que cela ; en tout cas elles répondent mieux que les campagnes aux besoins et aux demandes de citadins en passe de devenir majoritaires (par exemple, Ibadan, ville de plus de 3 millions d'habitants, ne compte qu'un seul feu rouge, et pourtant la circulation automobile y fonctionne relativement normalement). Ce qui entrave la circulation dans les métropoles africaines (de façon parfois dramatique, comme à Kinshasa, où les embouteillages de très longue durée font partie de la vie quotidienne), c'est moins l'absence de signalisation que l'insuffisance criante du réseau routier (en dépit de l'existence d'autoroutes urbaines) face à l'augmentation exponentielle des automobiles : hormis les grandes artères, la plupart des rues sont encore souvent en terre.

Les espaces urbains exercent une influence déterminante sur les processus de changements sociaux et culturels. Plus que jamais les villes africaines sont, comme ailleurs, des lieux de médiation et de pouvoir, et donc d'élaboration sociale et politique et d'invention culturelle. La vie n'y est pas facile, certes, mais elle n'y est pas désespérée.

Conclusion

Alors comment sortir de ce cercle infernal d'infériorisation, de dénigrement et de victimisation ? Certes, l'histoire africaine cumule une succession impressionnante de déboires au profit de tous ceux qui, de l'extérieur, ont profité d'elle. Mais il faut sortir de cette représentation symbolique pour prendre à bras-le-corps les réalités d'aujourd'hui : ce sont les autres qui ont décrété que l'Afrique était une périphérie du monde ; aux Africains eux-mêmes de démontrer le contraire, aux Africains de « positiver », en prenant conscience non pas seulement de tout ce qu'on leur a pris, mais de tout ce qu'ils ont donné au monde. C'est aux Africains de puiser dans leur force commune la confiance dans leurs capacités, qui sont immenses : il faut trouver les moyens d'exploiter les forces vives de peuples qui ont toujours su résister à tant d'assauts. Le continent est riche d'une population encore en pleine croissance, jeune, dynamique et inventive, et de ressources productives exceptionnelles. Le travail social et politique est en marche. Il a été, entre autres, rendu possible par la croissance exponentielle, en dépit d'énormes difficultés, de la scolarisation, et par une volonté de démocratisation qui s'est affirmée depuis les années 1990, avec la fin de la guerre froide et les conférences nationales, en dépit là aussi de multiples obstacles. La société civile et politique est de plus en plus différenciée et désormais majoritairement urbaine ; les classes moyennes sont en plein essor, de moins en moins disposées à supporter les régimes dictatoriaux de naguère. L'explosion de l'information et de la communication (Internet, portables et mobiles, techniques informatiques) rend les intellectuels africains de plus en plus attentifs et perméables aux apports de la diaspora. Des esprits libres commencent à être entendus dedans comme dehors, qui appellent à un travail social interne. Ce travail social est, hélas, de longue haleine, il va être dur, sans doute sujet à des pannes voire à des régressions ; mais il a lieu en ce moment même, et reste très méconnu des médias internationaux qui se détachent pourtant du schéma « afro-pessimiste » qui condamnait jusqu'alors ce continent à la périphérisation. Il est frappant de constater qu'au même moment ce sont des auteurs africains de renom, écrivains [1] comme artistes [2],

---

1 *Cf.*, entre autres, Célestin MONGA, *Nihilisme et négritude*, Gallimard, Paris, 2009 ; et Moussa KONATÉ, *L'Afrique noire est-elle maudite ?* Fayard, Paris, 2010.
2 Par exemple, l'Ivoirien Tiken Jah Fakoly qui vit au Mali sort *African Revolution*, un album reggae qui invite au changement et à l'éveil des consciences en Afrique.

qui insistent sur la nécessité de reprendre les choses de l'intérieur, afin de repenser et de restructurer leurs propres sociétés sans concession ni facilité.

À envisager l'Afrique sur le très long terme, on comprend aussi à quel point la colonisation fut brève, et la durée de l'indépendance plus brève encore. Ce fut un moment essentiel en raison des incidences politiques et culturelles énormes qu'elle a engendrées. Mais on saisit la futilité qu'il y a à vouloir, en détachant cette période du reste de l'histoire africaine, mesurer les aspects « positifs » ou « négatifs » du fait colonial. La colonisation et ses effets — quels qu'ils soient — ne peuvent être appréciés qu'au regard de la place somme toute limitée qu'elle occupe dans l'histoire africaine — et dans l'histoire du monde. Compte tenu de la conjonction des courants et des événements antérieurs, bref, de l'ensemble du contexte historique, ce fut sans doute un moment devenu inévitable des rapports de force tels qu'ils s'étaient établis à l'époque. Notre métier d'historien n'est pas de juger, mais de comprendre. Il est aussi, face à un continent si vivant, de mesurer là où nous en sommes aujourd'hui et d'envisager des manières d'agir sur un futur encore très indécis, en fonction d'héritages d'une extraordinaire diversité et, partant, d'une très grande richesse.

Aujourd'hui comme hier, le rôle international de l'Afrique reste très important. On a vu que la fin de la guerre froide, en interrompant l'affrontement entre les deux grands blocs, avait fait du continent l'un des principaux marchés mondiaux de consommation des armes ; il en va de même pour le trafic de drogue. Mais ces écueils très menaçants ne doivent pas masquer les éléments d'espoir. Grâce à la flambée du cours des matières premières (un tiers des ressources minières de la planète se trouvent en Afrique), mais aussi grâce à des mutations profondes, l'Afrique au sud du Sahara connaît un processus de croissance rapide (de l'ordre de 5 % par an) en dépit de la crise mondiale. Près de la moitié de ses habitants habitent dans des villes contre 28 % en 1980. Cela pose des problèmes de logistique, mais cela ouvre des marchés de consommation intérieure considérables. Entre 1990 et 2008, la part de l'Asie dans les échanges commerciaux a triplé (28 %), égalant désormais celle de l'Europe, qui s'est effondrée (51 % en 1990). L'Afrique compte aujourd'hui plus de foyers appartenant à la classe moyenne que l'Inde (rapport du Global Institute McKinsey, 2010). Les observateurs pressentent un décollage économique imminent.

Les atouts sont donc réels. Reste à faire de l'Afrique dans son ensemble le groupe politique de pression internationale dont Kwame Nkrumah rêvait déjà à l'indépendance et qu'elle devrait en toute logique constituer par rapport aux autres puissances. Des personnalités et des groupes africains solides et prestigieux s'y emploient désormais ; c'est par exemple le cas de la fondation panafricaine créée par Alpha Oumar Konaré, ancien président du Mali puis de l'OUA (aujourd'hui UA, Union africaine), en liaison avec l'Afrique du Sud et sa Renaissance africaine, qui voudrait éviter les polarisations centrifuges qui se dessinent soit autour du nord soit autour du sud du continent. Mais les obstacles sont nombreux, à commencer par la mégalomanie de certains chefs d'État comme Kadhafi en Libye, qui s'oppose au travail déjà ancien de la SADC (Southern African Development Community) en Afrique australe. Le régionalisme demeure fort, qui tend à différencier assez nettement quatre territoires issus de l'histoire : l'Afrique du Nord, l'Afrique de l'Ouest, l'Afrique centro-orientale et l'Afrique australe. Cette partition en quatre grandes régions sera peut-être, qui sait, une étape nécessaire. Il faut pour le moment laisser travailler ces forces en marche et pourtant quasiment ignorées en Occident. Alors il sera éventuellement possible non seulement de parler de « réparations », mais de les obtenir. Car le gros problème demeure l'inadéquation entre les aspirations, voire les volontés, des populations (en matière de santé, d'éducation, de transparence électorale, etc.) et la très fréquente corruption d'une *nomenklatura* politique décalée par rapport aux réalités, et qui a gangrené la société par l'essor d'un clientélisme éhonté (qui existait certes déjà avant, mais qui a été « modernisé »). L'économie « officielle » est fragile, et la grande majorité des gens ont coutume de vivre selon l'article 15 d'une Constitution qui n'en possède que 14 (plaisanterie usuelle dans les deux Congo, où l'on ne manque pas d'humour) : autrement dit, la « débrouillardise » et les activités dites informelles (c'est-à-dire non contrôlées) demeurent la condition de la survie de la plupart des Africains. On ne peut qu'être admiratif devant la vitalité et la créativité d'une population (qui dépasse aujourd'hui le milliard d'individus, dont 800 000 vivent au sud du Sahara) dont plus des trois quarts, désormais, ont moins de 25 ans et sont nés largement après l'indépendance. L'Occident en apprécie la musique et la danse, sans percevoir qu'elles ne constituent pas une fin en soi, mais qu'elles sont les moyens d'expression d'une dynamique profondément politique.

Aucun jugement définitif ne peut être porté. L'Afrique du Sud est là pour montrer que, en dépit des énormes difficultés encore existantes, ses habitants ont su, en l'espace de quarante ans, changer de fond en comble leur pays, même si la route est encore longue. C'est tout le problème de l'avenir du continent. C'est une question de temps, mais des accélérations imprévisibles ne sont pas à exclure. Elles dépendent des progrès de l'éducation, car la plupart des gens ignorent encore qu'ils peuvent se passer de leurs potentats. Comme le prévoit Achille Mbembe : « Le temps de l'Afrique viendra. Il est peut-être proche. Mais, pour en précipiter l'avènement, on ne pourra guère faire l'économie de nouvelles formes de lutte [3]. »

---

[3] Achille MBEMBE, *Télérama*, 16 octobre 2010, p. 20. Mbembe est l'un des principaux penseurs francophones actuels. Camerounais en exil, il est chercheur en Afrique du Sud.

Brève orientation bibliographique

Hélène d'Almeida-Topor, *L'Afrique*, Le Cavalier Bleu, coll. « Idées reçues », 2ᵉ éd. 2009.

Hélène d'Almeida-Topor, *Naissance des États africains, XXᵉ siècle*, Casterman, Paris, 1996.

Adame Ba Konaré (dir.), *Petit précis de remise à niveau sur l'histoire africaine à l'usage du président Sarkozy*, La Découverte, Paris, 2008.

François Bart et al., *L'Afrique, continent pluriel*, CNED, SEDES, Paris, 2003.

Pierre Boilley et Jean-Pierre Chrétien (dir.), *Histoire de l'Afrique ancienne, VIIIᵉ-XVIᵉ siècle*, La Documentation française, Paris, 2010.

Yves Coppens, *Le Singe, l'Afrique et l'Homme*, Fayard, Paris, 1983.

Yves Coppens, *L'Histoire de l'Homme*, Odile Jacob, Paris, 2008.

Jean-Pierre Chrétien, « L'Afrique, un village sans histoire ? », in *L'Afrique de Sarkozy, un déni d'histoire*, Karthala, Paris, 2008.

Catherine Coquery-Vidrovitch, *Les Africaines. Histoire des femmes d'Afrique noire du XIXᵉ au XXᵉ siècle*, Desjonquères, Paris, 1994.

Catherine COQUERY-VIDROVITCH, *L'Afrique et les Africains au XIXᵉ siècle. Mutations, révolutions, crises*, Armand Colin, Paris, 1999.

Catherine COQUERY-VIDROVITCH, *La Découverte de l'Afrique. L'Afrique occidentale des origines à la fin du XVIIIᵉ siècle*, rééd. L'Harmattan, Paris, 2003 [1965].

Catherine COQUERY-VIDROVITCH et Henri MONIOT, *L'Afrique noire de 1800 à nos jours*, PUF, Paris, 5ᵉ éd. révisée et complétée, 2005.

Marcel DORIGNY et Bernard GAINOT, *Atlas des esclavages. Traite, sociétés coloniales, abolitions de l'Antiquité à nos jours*, Autrement, Paris, 2006.

Marcel DORIGNY et Max-Jean ZINS (dir.), *Les Traites négrières coloniales. Histoire d'un crime*, Cercle d'Art, Paris, 2009.

Philippe GERVAIS-LAMBONY, *L'Afrique du Sud*, Le Cavalier Bleu, coll. « Idées reçues », 2009.

Jack GOODY, *Le Vol de l'histoire. Comment l'Europe a imposé le récit de son passé au reste du monde*, Gallimard, Paris, 2010.

John ILIFFE, *Les Africains. Histoire d'un continent*, Flammarion, Paris, 2002 (traduit de l'anglais).

Jean JOLY, *L'Afrique et son environnement européen et asiatique* (atlas synoptique), Paris-Méditerranée, Paris, 2004.

Joseph KI-ZERBO, *Histoire de l'Afrique noire*, Hatier, Paris, rééd. 1978 [1972].

Achille MBEMBE, *Sortir de la grande nuit. Essai sur l'Afrique décolonisée*, La Découverte, Paris, 2010.

Elikia MBOKOLO et Philippe SAINTENY (dir.), *Afrique, une histoire sonore 1960-2000*, coffret audio de 7 CD, tirés de *Mémoires d'un continent*, archives radiophonique éditées par RFI, INA et Frémeaux associés, 2002.

André SALIFOU, *L'Esclavage et les traites négrières en Afrique*, Nathan, Paris, 2006.

Francis Simonis, *L'Afrique soudanaise au Moyen Âge. Le temps des grands empires (Ghana, Mali, Songhaï)*, CRDP, Académie d'Aix-Marseille, 2010.

Ibrahima Thioub, « L'esclavage et les traites en Afrique occidentale. Entre mémoires et histoires », *in* Adame Ba Konaré (dir.), *Petit précis de remise à niveau sur l'histoire africaine à l'usage du président Sarkozy*, La Découverte, Paris, 2008, p. 201-214.

Maria Turano et Paul Vandepitte (dir.), *Afrique. Pour une histoire de l'Afrique* (synthèse UNESCO), Argo, Lecce, 2003.

Jan Vansina, *Sur les sentiers du passé en forêt. Les cheminements de la tradition politique ancienne en Afrique équatoriale*, Université catholique de Louvain/Aequatoria, Louvain-la-Neuve/Mbandaka, 1991.

Immanuel Wallerstein, *L'Universalisme européen. De la colonisation au droit d'ingérence*, Démopolis, Paris, 2008.

Table des cartes

Les grandes zones de végétation naturelle, 40

L'Afrique politique X^e-XVIe siècle, 102

Les traites négrières internes et externes au XVIIIe siècle, 116

L'Afrique politique XVIIIe-XIXe siècle, 132

L'Afrique colonisée à la veille de la Première Guerre mondiale, 186

L'Afrique contemporaine, 192

Table

	Introduction	5
1.	**Méthodes et sources**	9

*La construction européenne
  de l'Afrique* 11
Du racialisme au racisme 12
Les sources 16
L'énigme africaine 21

2.	**Les origines**	25
3.	**L'environnement et les peuples**	33

*Le relief et la circulation
  des hommes* 33
Un continent insalubre ? 36
Climat et végétation 40
Le sol et la sagesse agraire 44

L'évolution de la population　47
*Variations pluviométriques
　et poussées démographiques*　50
« Ethnies » et tribalisme　54

4.　**L'évolution des structures sociales**　**59**

Une économie rurale de subsistance　61
Des sociétés inégalitaires　70
Castes et esclaves　72
Le rôle essentiel des femmes　77

5.　**L'Afrique au sud du Sahara
dans l'histoire de la mondialisation**　**83**

L'or　85
La main-d'œuvre　91
Les matières premières　93

6.　**Les grandes étapes de l'histoire
africaine jusqu'au XVIe siècle**　**97**

*L'Afrique au sud du Sahara,
　de l'Égypte ancienne à l'or
　médiéval*　97
*Du commerce de l'or aux grandes traites
　esclavagistes : XIIe-XVIIIe siècle*　105

7.	**L'esclavage africain**	**111**

La traite des Noirs proprement dite 115
Les plantations esclavagistes 120
L'esclavage noir et les traites africaines 122
Les conséquences sur le continent africain 125

8.	**L'indépendance africaine au XIXᵉ siècle**	**131**

L'Afrique occidentale 131
Économie et politique en Afrique orientale 146

9.	**L'ère coloniale et les transformations sociales de longue durée**	**153**

Le cas de l'Afrique du Sud 154
Le XIXᵉ siècle colonial 157
La conférence internationale de Berlin 164
La première phase coloniale : vers 1885-vers 1930 167
La seconde phase coloniale 176
La modernisation de l'exploitation 177

| 10. | Décolonisation et indépendance | 185 |

La longue maturation des États africains contemporains 185
L'indépendance : une conquête 195
La périodisation 199
Les femmes, avenir de l'Afrique ? 203
Villes, gouvernance et démocratie 205

| **Conclusion** | 209 |

| **Brève orientation bibliographique** | 215 |

| **Table des cartes** | 218 |

Composition Facompo, Lisieux.
Impression réalisée par CPI Bussière
à Saint-Amand-Montrond (Cher)
en décembre 2010.
Dépôt légal : janvier 2011.
N° d'impression : 103582/1.
Imprimé en France